AF276389

Disfrute gratuitamente **DURANTE UN AÑO** de los eBook y audiolibros de las obras de Editorial Colex*

 Acceda a la página web de la editorial **www.colex.es**

 Identifíquese con su usuario y contraseña. En caso de no disponer de una cuenta regístrese.

 Acceda en el menú de usuario a la pestaña «Mis códigos» e introduzca el que aparece a continuación:

RASCAR PARA VISUALIZAR EL CÓDIGO

Derecho internacional privado europeo y nueva noción de circulación de decisiones y documentos

 Una vez se valide el código, aparecerá una ventana de confirmación y su eBook y audiolibro estará disponible **durante 1 año desde su activación** en la pestaña «Mis libros» en el menú de usuario.

---

* Los audiolibros están disponibles en las ediciones más recientes de nuestras obras. Se excluyen expresamente las colecciones «Códigos comentados», «Biblioteca digital» y los productos de www.vademecumlegal.es.

No se admitirá la devolución si el código promocional ha sido manipulado y/o utilizado.

¡Gracias por confiar en nosotros!

La obra que acaba de adquirir incluye de forma gratuita la versión electrónica.

Acceda a nuestra página web para aprovechar todas las funcionalidades de las que dispone en nuestro lector.

Funcionalidades eBook

Acceso desde cualquier dispositivo con conexión a internet

Idéntica visualización a la edición de papel

Navegación intuitiva

Tamaño del texto adaptable

Síguenos en:

DERECHO INTERNACIONAL PRIVADO EUROPEO Y NUEVA NOCIÓN DE CIRCULACIÓN DE DECISIONES Y DOCUMENTOS

(Circulación del estado civil en la Unión Europea)

DERECHO INTERNACIONAL PRIVADO EUROPEO Y NUEVA NOCIÓN DE CIRCULACIÓN DE DECISIONES Y DOCUMENTOS

(Circulación del estado civil en la Unión Europea)

Gloria Esteban de la Rosa
Catedrática de Universidad de Derecho internacional privado

COLEX 2025

© Gloria Esteban de la Rosa

© Editorial Colex, S.L.
Calle Costa Rica, número 5, 3.º B (local comercial)
A Coruña, C.P. 15004
info@colex.es
www.colex.es

I.S.B.N.: 979-13-7011-320-9
Depósito legal: C 1327-2025
DOI: https://doi.org/10.69592/979-13-7011-320-9

A mi hijo

SUMARIO

CAPÍTULO SEGUNDO
LIBRE CIRCULACIÓN DE PERSONAS Y PROTECCIÓN DEL CIUDADANO EN EL ESPACIO TRANSFRONTERIZO QUE CONSTITUYE LA UNIÓN EUROPEA

ABREVIATURAS Y SIGLAS

AA. PP.	Administraciones Públicas
AEDIPr	Anuario Español de Derecho internacional privado
AEPDIRI	Asociación Española de Profesores de Derecho internacional y Relaciones Internacionales
BOE	Boletín Oficial del Estado
CDF	Carta de Derechos Fundamentales
CDFUE	Carta de Derechos fundamentales de la Unión Europea
CDT	Cuadernos de Derecho transnacional
CEDH	Convenio Europeo de Derechos Humanos
CJC	Cooperación Judicial civil transfronteriza
CMLR	Common Market Law Review
CSE	Certificado Sucesorio Europeo
dd. hh.	Derechos humanos
DGRN	Dirección General de los Registros y del Notariado
DGSJFP	Dirección General de Seguridad Jurídica y Fe Pública
DIPr	Derecho Internacional Privado
Dir. umani dir. int.	Diritti umani e Diritto internazionale
DO	Diario Oficial
DOCE	Diario Oficial de la Comunidad Europea
DOUE	Diario Oficial de la Unión Europea
EEE	Espacio Económico Europeo
ELSJ	Espacio de Libertad, Seguridad y Justicia
ERTA	European Road Transport Agreement
GEDIP	Grupo Europeo de Derecho internacional privado

IDI	Instituto de Derecho Internacional
IPRax	Praxis des internationalen Zivil-und Verfahrensrecht
JDI	Journal du Droit international
JPIL	Journal of Private International Law
PE	Parlamento Europeo
RabelsZ	Rabels Zeitschrift für ausländisches und internationales Privatrecht
RC	Registro civil
RCDIP	Revue Critique de Droit International privé
RD	Real Decreto
RdC	Recueil des Cours
RDC	Revista de Derecho civil
RDCE	Revista de Derecho Comunitario Europeo
RDIPP	Rivista di Diritto internazionale privato e processuale
RDP	Revista de Derecho privado
RDUE	Revista de Derecho de la Unión Europea
REEI	Revista Electrónica de Estudios Internacionales
REIO	Regional Economic Integration organization
ReDCE/RDCE	Revista de Derecho comunitario Europeo
REP	Revista de Estudios Políticos
RGDE	Revista General de Derecho Europeo
Rev. marché comm.	Revue du Marché Commun
Rev. trim. dr. eur.	Revue trimestrielle de Droit européenne
RIE	Revista de Instituciones Europeas
Riv. dir. int.	Rivista di Diritto internazionale
RIW	Recht der Internationalen Wirtschaft
TA	Tratado de Ámsterdam, de 2 de octubre de 1997
TCEE	Tratado de la Comunidad Económica Europea, de 25 de marzo de 1957
TCE/TA	Tratado de la Comunidad Europea tras su reforma por el TA
TCFDIP	Travaux du Comité français de droit international privé
TEDH	Tribunal Europeo de Derechos Humanos
TFUE	Tratado de Funcionamiento de la Unión Europea
TJUE	Tribunal de Justicia de la Unión Europea

TL	Tratado de Lisboa, de 13 de diciembre de 2007, que modifica el Tratado de la Unión Europea y el Tratado Constitutivo de la Comunidad Europea
TS	Tribunal Supremo
TUE	Tratado de la Unión Europea
UE	Unión Europea
YPIL	Yearbook of Private International Law
ZEuP	Zeitschrift für europäisches Privatrecht

A MODO DE INTRODUCCIÓN

Es cada vez más frecuente el empleo de la expresión Derecho internacional privado de origen europeo en los manuales y en las publicaciones científicas, sin que, sin embargo, exista claridad acerca de su significado, al no haber aún consenso acerca —básicamente— de su contenido y función. Sí queda claro, en todo caso, que se trata de una noción funcional, relacionada, sin duda, con la conocida «comunitarización» de la Cooperación Judicial Civil transfronteriza (en adelante, CJC), que tiene su marco en la creación de un nuevo Espacio europeo de Libertad, Seguridad y Justicia (en adelante, ELSJ) tras la adopción y entrada en vigor del Tratado de Ámsterdam (véase *infra*)[1].

El citado espacio europeo constituye en el momento actual una zona de referencia en orden a la máxima realización de los derechos humanos (en adelante, dd. hh.), la más plena efectividad de la libre circulación de personas y la protección de los ciudadanos. Para la consecución de cada uno de estos objetivos, se han adoptado nuevas normas por las instituciones europeas, que están presididas por una nueva lógica, que consiste en la progresiva implementación de una política regulatoria concreta, el reconocimiento mutuo, en orden a la eliminación de obstáculos para favorecer la circulación de las decisiones judiciales y

---

1   El Tratado de Ámsterdam, de 2 de octubre de 1997, por el que se modifican el Tratado de la Unión Europea, los Tratados constitutivos de las Comunidades Europeas y determinados actos conexos se publicó en el *DOCE* Serie C n.º 340, de 10 de noviembre de 1997 y en el *BOE* n.º 109, de 7 de mayo de 1999.

de los documentos (art. 67, 4.° del TFUE)[2]. Por su parte, el Tribunal de Justicia de la Unión Europea (en adelante, TJUE) también avanza en esta misma dirección en sus decisiones en interpretación del derecho a la libre circulación y residencia de los nacionales de la Unión Europea (en adelante, UE).

Es necesario, por todo ello, clarificar en qué consiste exactamente el reconocimiento mutuo en esta nueva zona, en orden, fundamentalmente, a saber, qué posibilidades existen a día de hoy de invocar las decisiones judiciales o los documentos en otro Estado parte (en especial, cuando se refieren a circunstancias personales o familiares), sin que —para ello— sea necesario reunir requisitos, condiciones u otras exigencias adicionales (ni un procedimiento específico). En particular, interesa también saber si el derecho a la libre circulación, del que gozan los ciudadanos de la UE, comprende también que, p.ej., tales nacionales puedan solicitar que consten en el Registro Civil de otro Estado parte sus circunstancias de estado civil (nombre y apellidos, identidad sexual, etc.) sin tener que realizar para ello ningún tipo de trámite.

Este propósito nos ubica, en principio, en el ámbito (científico) del Derecho internacional privado (en adelante, DIPr) y, en concreto, en el nuevo DIPr de origen europeo, dedicándose también este estudio a pergeñar sus contornos y sentido en el contexto del entero ordenamiento de la UE.

Como se sabe, el DIPr es resultado de un proceso de formación histórica prolongado en el tiempo, que ha dado lugar a su configuración actual. El sistema se caracteriza

---

2 El citado art. 67, 4.° del TFUE dispone que: *«la Unión facilitará la tutela judicial garantizando, en especial, el principio de reconocimiento mutuo de las resoluciones judiciales y extrajudiciales en materia civil»*. Como señala la doctrina, el reconocimiento mutuo recibe un colosal impulso en el TL (2009) como principio-eje en la realización de la tutela judicial de los derechos desde la perspectiva del reconocimiento de decisiones judiciales y no judiciales en el ámbito de la Unión (véase, GUZMÁN ZAPATER, M., «Las certificaciones de estado civil: perspectivas de impulso de la libertad de circulación en el interior de la Unión Europea», *RDUE*, 2012, p. 130).

por estar conformado por tres principales sectores que integran su contenido: competencia internacional, Derecho aplicable y reconocimiento de decisiones. Cada uno cumple funciones distintas para dar respuesta a una concreta situación privada internacional, siendo el que presenta mayor interés en el momento actual el tercero, en especial, en el interior de la UE, al convertirse el reconocimiento mutuo en la piedra angular (*cornerstone*) sobre la que se construye el DIPr europeo, de acuerdo con el art. 81 del Tratado de Funcionamiento de la Unión Europea (en adelante, TFUE)[3].

Esta disposición expresa el mandato (hacia las instituciones de la UE) de desarrollo de una nueva política pública en el ámbito de la CJC transfronteriza basada en el reconocimiento mutuo de las resoluciones judiciales y extrajudiciales (art. 67, 4.º del TFUE). Dicho «mandato de recepción» (reconocimiento) «*presupone equivalencia entre las administraciones nacionales y confianza mutua*»[4],

---

3   Así se señala por el Consejo Europeo en el Programa de Estocolmo, «Una Europa abierta y segura que sirva y proteja al ciudadano» (2010/ C 115/01), *DOUE*, Serie C n.º 115, de 4 de mayo de 2010, p. 12 («*el principio del reconocimiento mutuo debe ser la piedra angular de la cooperación judicial en materia civil y penal*»). Como señala la doctrina, «*el citado ELSJ debe funcionar de modo análogo a un único espacio*» y, de ahí el mandato de recepción (reconocimiento mutuo) (véase, GUZMÁN ZAPATER, M., «Las certificaciones..., *loc. cit.*, p. 130). El citado art. 81 del TFUE dispone que: «*la Unión desarrollará una cooperación judicial en asuntos civiles con repercusión transfronteriza basada en el principio del reconocimiento mutuo de las resoluciones judiciales y extrajudiciales*». La proyectada política europea sobre CJC (como se verá *infra*) se está articulando a través de un nutrido conjunto de intervenciones legislativas con arreglo a las competencias asumidas de conformidad con el anterior art. 65 del TCE/TA y con el actual art. 81 del TFUE. Cabe citar, entre ellas, el Reglamento 4/2009/CE del Consejo, de 18 de diciembre de 2008, relativo a la competencia, la ley aplicable, el reconocimiento y la ejecución de las resoluciones y la cooperación en materia de obligaciones de alimentos (*DOUE* Serie L, n.º 7, de 10 de enero de 2009) y el Reglamento 650/2012 del Parlamento Europeo y del Consejo, de 4 de julio de 2012, relativo a la competencia, la ley aplicable, el reconocimiento y la ejecución de las resoluciones, a la aceptación y ejecución de los documentos públicos en materia de sucesiones *mortis causa* y a la creación de un certificado sucesorio europeo (*DOCE* Serie L n.º 201, de 27 de junio de 2012).

4   Véase, GUZMÁN ZAPATER, M., «Las certificaciones..., *loc. cit.*, p. 130.

siendo, por tanto, el citado reconocimiento mutuo, más bien, una «política regulatoria» (véase *infra*), que también toca de lleno a los tradicionales sectores del contenido de los sistemas de DIPr de los Estados parte[5].

Y, por ello, el nuevo DIPr europeo deja atrás de forma progresiva los tradicionales mecanismos relacionados con el reconocimiento (p.ej., condiciones o controles) y se suma a los logros ya conseguidos por la vía de la interpretación expansiva que hace el TJUE de la libertad de circulación de personas (as. García-Avello y as. Mirin, entre otros), en orden a la más plena satisfacción de las necesidades de los ciudadanos europeos (entre las que se encuentra —sin duda— la movilidad de sus circunstan-

---

5   Cabe decir que la incorporación de España a la CEE supuso una transformación sustancial del enfoque tradicional del DIPr, que continúa y se amplía tras la entrada en vigor del TA, de 2 de octubre de 1997, por el que se modificó el Tratado de la Comunidad Europea, de 25 de marzo de 1957, que constituye la base normativa para la creación de un ELSJ, en el que la nueva política en el ámbito de la CJC se articula en torno al eje del reconocimiento mutuo (véase *infra*). Se considera que estaríamos en presencia de un nuevo DIPr europeo presidido por la «lógica de la integración» (véase, Desantes Real, M./ Iglesias/ Buhigues, J.L., «Hacia un sistema de Derecho internacional privado de la Unión Europea», *AEDIPr*, 2009, p. 115). En este mismo sentido, la doctrina indica que la lógica de las normas de DIPr europeo no es la misma que la que ha inspirado las normas de DIPr estatales (véase, González Beilfus, C., «Relaciones e interacciones entre Derecho comunitario, Derecho internacional privado y Derecho de familia europeo en la construcción de un espacio judicial común», *AEDIPr*, 2004, p. 118). Por último, considera la doctrina que estas nuevas normas de origen europeo (DIPr europeo) están en completa sintonía con la propia lógica del ordenamiento de la UE, que tiene la finalidad de evitar cargas económicas o, incluso, proteccionistas (en este caso, derivadas de las diferencias en las legislaciones nacionales en el ámbito del Derecho civil) contra una actividad, en principio, de carácter económico (aunque no sólo) debidas a la aplicación cumulativa de una legislación equivalente (véase, Fallon, M./Meeusen, J., «Private international Law in the European Union and the exception of mutual recognition», *YPIL*, 2002-4, p. 46). De otro lado, si bien no se aborda en esta sede la cuestión acerca de si tras el reconocimiento mutuo existe una remisión al ordenamiento del Estado de origen, cabe decir que, en principio, no implica una preferencia ciega por el país de origen, lo que impide considerar que el citado principio constituya un mecanismo de Derecho aplicable, que favorece la aplicación de la ley del Estado de origen *(ibid.*, p. 59).

cias de estado civil)[6]. En este sentido, cabe decir que está desapareciendo el DIPr clásico a medida que avanza la libertad de circulación de personas en la UE[7].

Por tanto, el reconocimiento mutuo ha transformado la actual fisonomía del DIPr de los Estados parte, en la medida en que empieza a mitigarse en el espacio europeo la idea de homologación de efectos en el foro de la decisión extranjera (y del documento extranjero), a favor de otra noción, que consiste en aceptar que el control se realiza en el país de origen, de tal forma que la eficacia extraterritorial de la decisión —certificada o no— no suscita, en puridad, una cuestión de reconocimiento[8].

---

6   Como se sabe, ésta y otras decisiones del Alto Tribunal dan respuesta a las situaciones privadas transfronterizas que tienen lugar en el espacio europeo y, en concreto, en relación con la inscripción del nombre y apellidos de una persona y de su identidad de género (cuando se trata de nacionales de la UE). Va más allá la STJUE en el citado as. Mirin, porque, como señala la doctrina, no sólo considera que está en juego el derecho a la libre circulación sino también los derechos fundamentales reconocidos en la CDFUE, como la dignidad o el derecho al respeto de la vida privada (véase, DURÁN AYAGO, A., «De la identidad de género a la libre circulación en la Unión Europea. Un paso más en la buena dirección al albur de la STJUE de 4 de octubre de 2024, C-4/23, Mirin», *CDT*, 2025, vol. 17, pp. 1267-1268).

7   La doctrina señala en este sentido que: *«el desarrollo de la libertad de circulación de las personas habrá modificado sustancialmente los mecanismos tradicionales de DIPr para las relaciones privadas intraeuropeas, al instaurar la sede de control de las decisiones sobre las que se proyecte, en el país de origen de la decisión»* (véase, GUZMÁN ZAPATER, M., «Cooperación judicial civil y Tratado de Lisboa: entre consolidación e innovación», *RGDE*, 2010, n.º 21, p. 13). Cabe indicar que esta referencia a la libre circulación incluye también a los nacionales de terceros Estados, como se verá *infra*. Vid. también, BLÁZQUEZ RODRÍGUEZ, I., *La persona física y su estatuto: nuevas perspectivas en la interacción entre el Derecho internacional privado y la libre movilidad intra-UE*, Dykinson, Madrid, 2024.

8   Véase, GUZMÁN ZAPATER, M., «Supresión del exequátur y tutela de derechos fundamentales: articulación en el sistema español» en, Borrás, A./Garriga, G. (eds.), *Adaptación de la legislación interna a la normativa de la Unión Europea en materia de cooperación civil*, Homenaje al Prof. Dr. Ramón Viñas Farré, Marcial Pons, Madrid, 2012, p. 143. Véase también, OREJUDO PRIETO DE LOS MOZOS, P., «Repercusiones del reconocimiento mutuo de las resoluciones judiciales en los sistemas autónomos: excesos y carencias», *AEDIPr*, 2006, vol. 6, pp. 481 y ss.

De ahí que pueda afirmarse que el reconocimiento mutuo constituye una nueva modalidad de reconocimiento en el interior del ELSJ, distinta de la tradicionalmente empleada por los sistemas de DIPr (M. Guzmán), como se verá *infra*. Ahora bien, esta idea o *leitmotiv* puede llegar a plasmarse de maneras muy diferentes en el concreto instrumento europeo que se aplique, sin olvidar que las decisiones del TJUE en el ámbito de la libertad de circulación de personas (nacionales de la UE) también se ocupan de las situaciones privadas transfronterizas que tienen lugar en el interior de la UE, como se verá *infra*.

En todo caso, queda claro que las expresiones y nociones más clásicas o tradicionales (reconocimiento de efectos, validez extraterritorial, homologación, entre otras) han de ser cuestionadas, en la medida en que el DIPr europeo se construye sobre categorías nuevas, que expresan la finalidad que pretende conseguir la UE: la creación de un ELSJ, en el que sea plenamente operativa la libertad de circulación de decisiones, esté «garantizada» la libertad de circulación de personas (art. 3, 2.º del TUE) y se proteja al ciudadano europeo, sin olvidar la mayor realización de los dd. hh.[9].

Como se verá *infra*, dicho ELSJ supone, por tanto, reconocer la importancia que tiene para la UE la existencia de una nueva y creciente realidad: las relaciones privadas transfronterizas que se entablan al cruzar las fronteras de los países que forman parte de esta organización, de un lado. Y, de otro, que uno de los actuales objetivos de la UE consiste en reforzar la idea de protección de los naciona-

---

9   En este sentido, se podría estar asistiendo a la transformación de la libertad de circulación de personas en el ELSJ, al menos cuando están en juego los DD. HH. (vida privada y familiar, identidad personal, entre otros). En concreto, se trataría de la «circulación del estado civil» en la UE (véase, GUZMÁN ZAPATER, M., «La libre circulación...», *loc. cit.*, p. 90). Sin duda, el reconocimiento de pleno Derecho de las circunstancias de estado civil garantiza dicha libertad, porque dota de estabilidad al estado civil y realiza el derecho a preservar la identidad personal. Véase extensamente, ESTEBAN DE LA ROSA, G., «Identidad personal transfronteriza y Derecho internacional privado europeo», *REDI*, 2002-2, vol. 74, pp. 157-179.

les de la UE en el interior del ELSJ[10]. Esto es, que en este nuevo «espacio europeo transfronterizo» no se limiten los derechos de las personas, por el sólo hecho de cruzar las fronteras de los Estados que existen en su interior como realidad política y jurídica[11].

Y, de ahí, el interés que cobra —entre otras— la creación de una política europea sobre CJC, de un lado[12]. Y, de otro, la estrecha relación que mantiene la proyectada política europea sobre CJC con la concepción y evolución de la ciudadanía[13]. En todo caso, la acción del principio

---

10   Se considera que este objetivo (protección de los nacionales de la UE) constituye la base de la interpretación que realiza el TJUE en el as. García Avello, como claro exponente de un cambio de lógica de la acción del Derecho europeo, que va desde la idea de libre circulación a un nuevo concepto: la protección de los nacionales de la UE, en el que basta con la existencia de un vínculo con el Derecho europeo (como sucedía en este caso por razón de la doble nacionalidad de los menores) para que el asunto quede comprendido en su ámbito de aplicación, sin necesidad de que tenga lugar un desplazamiento (véase, BALLARINO, T./UBERTAZZI, B., «On Avello and others. A new Departure in the Conflict of Laws?», *YPIL*, 2004, vol. VI, pp. 85 y ss; esp. p. 112). En sentido parecido, se considera que la respuesta dada realiza más un razonamiento de disfrute de derechos (de los nacionales de la UE) que propio del conflicto de leyes (véase, PATAUT, E., «Le renouveau de la théorie des droits acquis», *TCFDIP*, 2009, p. 91).

11   Considera la doctrina que se trata, en concreto, de la «protección de la identidad transfronteriza de la UE». Esto es, una identidad transnacional, que trasciende la conexión nacional e incorpora derechos fundamentales más allá del ámbito económico (véase, BLÁZQUEZ RODRÍGUEZ, I., *La persona física..., op. cit.*, p. 17).

12   Véase, IGLESIAS BUHIGUES, J.L., «La cooperación judicial internacional en materia civil», *Cooperación judicial internacional*, Col. Escuela Diplomática, n.º 5, Madrid, 2001, pp. 47-48.

13   Podría decirse que uno de los actuales objetivos de la UE presenta carácter transversal y, en concreto, consiste en reforzar la idea de protección de los nacionales de la UE, en especial, de sus relaciones transfronterizas. Se trataría, en definitiva, de considerar un umbral mínimo de derechos de los nacionales de la UE, que deben ser respetados, aceptados y reconocidos, tal y como han sido adquiridos por la persona en otro Estado parte (Estado de origen) antes de haberse expuesto al proceso de la migración. Entre ellos, el derecho al nombre en un contexto transfronterizo o, de forma más general, la identidad personal transfronteriza. Véase, Informe de la Comisión sobre la ciudadanía de la UE de 2020 La capacitación de los ciudadanos y la protección de sus derechos, de 15 de diciembre de 2020 (COM/2020/730 final). En concreto, el informe hace balance del progreso realizado en el ámbito de la ciudadanía de la UE y propone prioridades y acciones

del reconocimiento mutuo en el ámbito de la CJC junto con la interpretación que hace el TJUE de la libertad de circulación de personas (consistente en la protección de los nacionales de la UE), está haciendo que no pueda considerarse el ámbito de la CJC como un contenido independiente del entero ordenamiento de la UE y, en particular, de la noción de ciudadanía.

Por tanto, la articulación de un ELSJ constituye un nuevo norte u objetivo de la UE, distinto de la creación de un mero mercado interior, en el que se trata de construir una «política europea sobre administración de justicia»[14]. Y en este marzo, la nueva política europea sobre la CJC también se orienta hacia la creación de un ELSJ, en el que se garantice la libre circulación de personas (en condiciones aceptables de seguridad jurídica y política), siendo el reconocimiento mutuo un principio que participa de esta nueva lógica, que consiste, en particular, en la simplificación o liberalización de la circulación de todo tipo de decisiones y documentos, en particular, de certificaciones extranjeras (y, de forma específica de estado civil), aunque no sólo (véase *infra*).

En este contexto, el «sistema europeo de DIPr» es funcional al cumplimiento de este objetivo y el reconocimiento mutuo es una técnica regulatoria, que no puede compararse con las nociones más conocidas o tradicionales empleadas por el DIPr de los Estados parte, sino que

---

nuevas que aporten beneficios reales a la ciudadanía, entre los que se encuentran: -facilitar el ejercicio de la libre circulación y simplificar la vida diaria (en concreto, una mayor seguridad jurídica a la hora de ejercer los derechos de libre circulación); y proteger y promover la ciudadanía de la UE (p. 3). En particular, se emplea la idea de «ciudadanos móviles de la UE».

14   Como señala la doctrina, se trata de un nuevo Espacio público, idealmente superpuesto al Mercado o, dicho de otra forma, que *«el desarrollo del Mercado da lugar a la perentoria necesidad de desarrollar un Espacio público en el que la libertad de circulación de personas debería quedar garantizada en condiciones aceptables de seguridad política y jurídica»* (véase, GUZMÁN ZAPATER, M., «Las certificaciones...», *loc. cit.*, p. 122).

presenta contornos propios[15]. Por tanto, en la medida en que la UE tiene como objetivo la creación de una «política europea global sobre administración de justicia» y, en su interior, de una «política europea sobre CJC», prospera cada vez más la idea de «circulación» y de libre circulación (ciudadanos móviles), restando operatividad a la noción de homologación (reconocimiento) de decisiones o documentos[16].

Y, a su vez, la idea misma de circulación está cobrando un nuevo significado y presenta un contenido nuevo (como se aprecia en la pluralidad de conceptos y nociones que se emplean para describir este resultado), al tratarse de un *leitmotiv* de dicha proyectada política. Por tanto, a día de hoy, existen distintas nociones de circulación (de decisiones y documentos) en la UE, que han de ser diferenciadas. Cabe señalar, entre otras, las de presentación, aceptación o decisión certificada (sistema de certificado)[17].

---

15   Como se verá *infra*, el «principio de continuidad transnacional» también cobra un nuevo significado cuando se pone en relación con el reconocimiento mutuo que recoge el art. 81 del TFUE, en orden a la articulación de la proyectada política europea sobre la CJC y, todo ello, en el marco del sistema internacional de los dd. hh.

16   En concreto, como se ha señalado *supra*, la Comisión se refiere a los «*ciudadanos móviles de la UE*» y a la necesidad de facilitar la vida de estas personas en el interior de la UE, esto es, en sus relaciones transfronterizas. Véase, Informe sobre la ciudadanía de la UE de 2020. «La capacitación de los ciudadanos y la protección de sus derechos», de 15 de diciembre de 2020 (*COM*/2020/730 final, p. 13, entre otras).

17   En concreto, el «*certificado para resoluciones privilegiadas*» (art. 47 del actual Reglamento 2019/1111) se recogió por vez primera en el art. 40, b) del Reglamento 2201/2003, en relación con el art. 11, 8.º. Véase extensamente CAAMIÑA DOMÍNGUEZ, C.M. «La supresión del exequátur en el Reglamento 2201/2003», *CDT*, 2011, 3, n.º 1, pp. 63-83. Este mecanismo (de «última palabra») se mantiene en el Reglamento 2019/1111, del Consejo, de 25 de junio de 2019, relativo a la competencia, el reconocimiento y la ejecución de resoluciones en materia matrimonial y de responsabilidad parental y sobre la sustracción internacional de menores, que, como se sabe, ha sustituido al Reglamento 2201/2003 (*DO* Serie L n.º 178, de 2 de junio de 2019). Véase, CALZADO LLAMAS, A.J., *La sustracción internacional de menores: el Reglamento 2019/111 y su interacción con el Convenio de La Haya de 1980 y la LEC*, Aranzadi, Pamplona, 2023, pp. 303 y ss.

Algunas son conocidas en el ámbito de las libertades (en especial, de la libre circulación de personas), pero otras han aparecido directamente relacionadas con la creación de la nueva política sobre CJC y, en concreto, se recogen por las actuales normas, que son el resultado de la comunitarización de la CJC. Por ejemplo, el Certificado Sucesorio Europeo (en adelante, CSE) es un documento que, una vez que ha sido expedido por alguna de las autoridades que indica el Reglamento 650/2012, es reconocido por las demás[18]. El CSE incorpora una presunción de validez de los hechos constatados en el certificado (véase *infra*)[19].

En otro orden de cuestiones, si bien es cada vez más frecuente hablar de las fuentes (materiales) del DIPr, destacando entre ellas las normas de origen europeo, no cabe referirse al DIPr europeo como una mera fuente normativa. Ésta es una visión limitada, que no se corresponde con el contenido y sentido actual de lo que podría denominarse «DIPr europeo». Éste constituye una realidad original y nueva, que no tiene que ver —necesariamente— con el clásico DIPr, al tratarse (el primero) de un micro ordenamiento jurídico en el interior del ordenamiento de la UE, que se ocupa de dar respuesta a las relaciones transfronterizas que tienen lugar en el espacio europeo, en especial, de carácter personal y familiar, aunque no sólo[20].

---

18   *DOUE* Serie L n.º 201, de 27 de junio de 2012. Véase, Bonomi, A./ Wautelet, P., *El Derecho europeo de sucesiones. Comentario al Reglamento (UE) n.º 650/2012, de 4 de julio de 2012*, Aranzadi, Pamplona, 2015, p. 568. En sentido crítico véase, Kohler, M./Buschbaum, M., «La reconnaissance des actes authentiques prévue pour les successions transfrontières. Réflexions critiques sur une approche douteuse entamée dans l'harmonisation des règles de conflits de lois», *RCDIP*, 2010, pp. 643 y ss.

19   Véase, Gardeñes Santiago, M., «El método del reconocimiento desde la perspectiva del Derecho internacional privado europeo y español», *AEDIPr*, 2017, p. 41.

20   Si bien el DIPr europeo se ocupa también de las relaciones patrimoniales, los ejemplos que se emplearán de forma más frecuente en esta sede se centran en el Derecho de familia, al constituir el ámbito en el que se desarrollan en el momento actual (en particular, por el TJUE) los nuevos «derechos de ciudadanía», como se verá *infra*.

En todo caso, en el momento actual estaríamos ante una nueva fase de la construcción del DIPr europeo que ha superado la inicial en la que comenzaba a tener lugar una progresiva incidencia del Derecho europeo en el DIPr[21]. Por tanto, el DIPr europeo es funcional, presenta sus propias características y es el resultado, principalmente (aunque no sólo), de la comunitarización o amsterdamización del ámbito de la CJC por el Tratado de Ámsterdam, de 2 de octubre de 1997 (en adelante, TA), de reforma del Tratado de la Comunidad Económica Europea, de 25 de marzo de 1957 (en adelante, TCEE), cuya entrada en vigor se produjo el 1 de mayo de 1999[22]. De ahí que se hable de la fisonomía del DIPr antes y después del TA[23].

Como se sabe, posteriormente, se adoptó el Tratado de Lisboa, de 13 de diciembre de 2007, que modifica el Tra-

---

21   Véase, FERNÁNDEZ ROZAS, J.C., «Derecho internacional privado y Derecho comunitario», *RIE*, 1990, vol. 17, pp. 785 y ss; STRUYKEN, A.V.M., «Les conséquences de l'intégration européenne sur le développement du droit international privé», *RdC*, 1992, vol. 232, pp. 257 y ss.

22   Véase, Comunicación de la Comisión: «Hacia un espacio de libertad, seguridad y justicia», *Documentos COM*(98) 459 final, de 14 de julio de 1998, p. 8. Como se sabe, dicho tratado incorporó un nuevo Título IV al Tratado de la Comunidad Europea (en adelante, TCE/TA), por el que se delegaron competencias a las instituciones europeas sobre determinados aspectos en los genéricos ámbitos del asilo (art. 63), la inmigración (art. 62) y las demás políticas relacionadas con la libertad de circulación de personas, entre las que se encuentran las medidas en el ámbito de la CJC (art. 65).

23   Véase, entre otras aportaciones, BASEDOW, J., «The communitarization of the conflicts of law under the Treaty of Amsterdam», *CMLR*, 2000, n.º 3, pp. 607-708; BORRÁS RODRÍGUEZ, A, «Le Droit international privé communautaire: réalités et perspectives d'avenir», *RdC*, 2005, vol. 317, pp. 313 y ss; DE MIGUEL ASENSIO, P., «Integración europea y Derecho internacional privado», *RDCE*, 1997, 2, pp. 413-445; IGLESIAS BUHIGUES, J. L., «La cooperación judicial en materia civil y mercantil antes y después del Tratado de Ámsterdam», *RGD*, 1998, n.º 644, pp. 5847 y ss.; IDOT, L., «L'incidence de l'ordre communautaire sur le Droit international privé», *Petites Affiches*, 12 de diciembre de 2002, pp. 27 y ss; KREUZER, K., «Zu Stand und Perspektven des Europäischen Internationalen Privatrechts- Wie europäisch soll das Europäische Internationale Privatrecht sein?», *RabelsZ*, 2006-1, n.º 70, pp. 8 y ss; LEIBLE, S., «Die Europäisierung des internationalen Privat- und Prozessrechts: Kompetenzen, Stand der Rechtsvereinheitlischung und Perspektiven» en, S. Sánchez Lorenzo y M. Moya Escudero (dirs.), *La cooperación judicial en materia de Derecho civil y la Unificación del Derecho privado en Europa*, Dykinson, Madrid, 2003, pp. 13 y ss.

tado de la Unión Europea y el Tratado Constitutivo de la Comunidad Europea (en adelante, TL)[24].

En todo caso, es preciso referirse a la citada comunitarización de la CJC, aunque no sólo, al formar también parte del actual DIPr europeo, en particular, las decisiones del TJUE sobre las libertades que recoge el TFUE en un título distinto del referido a la CJC. Y, por este motivo, se hace referencia *infra* al citado proceso y, en particular, a su sentido o finalidad, que consiste, en concreto, en la creación progresiva de un ELSJ, de acuerdo con el Título V del TFUE («*Espacio de libertad, seguridad y justicia*») y cuenta con cinco Capítulos, refiriéndose el tercero de ellos a la CJC (art. 81).

Como se verá *infra*, bajo la denominación de CJC, el actual art. 81 del TFUE recoge un conjunto de materias, con el objetivo de crear un ELSJ al servicio del ciudadano[25], para simplificar su vida transfronteriza e incrementar su movilidad, sin que haya obstáculos ni barreras de ningún tipo, no ya sólo referidas a cuestiones administrativas, sino tampoco ahora relacionadas con la diversidad de legislaciones en el ámbito del Derecho privado (y, en particular, del Derecho de familia)[26].

---

24 *DOUE*, Serie C, n.º 306/57, de 17 de diciembre de 2007. El TL se publicó en el *BOE* n.º 184, de 31 de julio de 2008 y la LO 1/2008, de 30 de julio, por la que se autoriza al Gobierno de España a ratificar el Tratado de Lisboa. Su ratificación tuvo lugar el 27 de noviembre de 2009 (*BOE* núm. 286). El texto consolidado del TL está publicado en el *DOUE,* de 9 de mayo de 2008 y entró en vigor el 1 de diciembre de 2009.

25 Véase, Comunicación: «*Garantizar el espacio de libertad, seguridad y justicia para los ciudadanos europeos*», de 20 de abril de 2010 (*Documentos COM*, 1010/171 final. El art. 3, 2.º del TUE señala esta concreta idea de un ELSJ para los ciudadanos, al señalar que: «*La Unión ofrecerá a sus ciudadanos un espacio de libertad, seguridad y justicia sin fronteras interiores en el que está garantizada la libre circulación de personas conjuntamente con medidas adecuadas en materia de control de las fronteras exteriores, asilo, inmigración y la prevención y lucha contra la delincuencia*».

26 De ahí que la doctrina le augure al DIPr europeo una venidera época dorada (véase, GONZÁLEZ BEILFUS, C., «Relaciones e interacciones entre Derecho comunitario, Derecho internacional privado y Derecho de familia europeo en la construcción de un espacio judicial común», *AEDIPr*, 2004, p. 146).

CAPÍTULO PRIMERO

COMUNITARIZACIÓN DE LA COOPERACIÓN JUDICIAL CIVIL TRANSFRONTERIZA Y SU INCIDENCIA EN LA CONFIGURACIÓN ACTUAL DEL DERECHO INTERNACIONAL PRIVADO EUROPEO

1. Breve presentación

El DIPr europeo es, en parte, resultado de la comunitarización de la CJC, a la que se hará referencia de forma sucinta, antes de abordar el marco más amplio en el que se inserta este proceso (la creación del ELSJ). Como se sabe, las nuevas normas aprobadas con arreglo al art. 81 del TFUE (anterior art. 65 del TCE/TA) son el resultado de la referida «comunitarización», que supuso la ampliación de la competencia de las instituciones europeas con respecto a un conjunto de materias, entre ellas, la CJC (que interesa de forma específica en esta sede) y consistió fundamentalmente en la transformación de la Europa preferentemente económica (aunque no sólo) en una Europa que tiene como objetivos fundamentales la libertad, la seguridad y la justicia[27].

---

27 La Comunicación: «Hacia un espacio de libertad, seguridad y justicia» señala que: el concepto de espacio de libertad, seguridad y justicia sintetiza *elevándolo al nivel de la Unión Europea, el acervo de nues-*

En concreto, la reforma del TCEE, de 25 de marzo de 1957, por el TA supuso la incorporación de un nuevo Título IV sobre «*visados, asilo, inmigración y otras políticas relacionadas con la libre circulación de personas*», entre las que se encontraban las medidas en el ámbito de la CJC con repercusión transfronteriza (art. 65)[28]. No obstante, un sector doctrinal afirmó que el art. 65 del TCE/TA representaba un avance limitado con respecto a la posibilidad de elaborar reglas de ley aplicable para las relaciones intracomunitarias, teniendo en cuenta las posibilidades de actuación comunitaria que resultaban ya con anterioridad de normas como los arts. 100 y 100 A del TCE (arts. 94 y 95 TCE/TA)[29].

---

tras tradiciones democráticas y nuestras concepciones del Estado de Derecho» (*Documentos COM* 1998/459 final, de 14 de julio, p. 1). La doctrina señala que el TA tuvo la virtud de realizar una distinción entre la libertad de circulación de personas y la creación de un espacio de libertad, seguridad y justicia, que iba mucho más allá de la mera integración económica (véase, ORDÓÑEZ SOLÍS, D., «El espacio judicial de libertad, seguridad y justicia en la Unión Europea», *Revista de Estudios Políticos*, n.º 119, 2003, pp. 447-483).

28 La delegación de competencias tuvo la finalidad de dar cuerpo a un ELSJ, que se construyó de forma paulatina, porque hasta cinco años después de la entrada en vigor del TA (el 1 de mayo de 2004), no se pudo utilizar el procedimiento de co-decisión, típicamente comunitario. El art. 67 del TCE/TA estableció un plazo transitorio de 5 años, en el que el Consejo decidió por unanimidad, a propuesta de la Comisión o de alguno de los Estados miembros y previa consulta al Parlamento Europeo. Por tanto, durante este período, la consideración desfavorable de un Estado determinó que la iniciativa no saliera adelante. Tras el 30 de abril de 2004, el Consejo decide por unanimidad qué ámbitos pasan al procedimiento de co-decisión (Consejo y Parlamento).

29 La doctrina ha señalado que la comunitarización no ha tenido tanta importancia, pues la UE ya asumía competencias en determinadas materias como consecuencia de tratarse de ámbitos que estaban vinculados con las libertades (p.ej., las generaciones de Directivas sobre seguros, sociedades o consumidores). Véase, DE MIGUEL ASENSIO, P. «La evolución del Derecho internacional privado comunitario en el Tratado de Ámsterdam», *REDI*, 1998-1, pp. 373 y ss; *id*.: «Integración europea y Derecho internacional privado», *RDCE*, 2, 1997, 413-445; KOHLER, CH., «Interrogations sue les sources de Droit international privé européen après le traité d'Amsterdam», *RCDIP*, 1991-1, pp. 15-17. Véase en otro sentido, BORRÁS RODRÍGUEZ, A., «Derecho internacional privado y Tratado de Ámsterdam», *REDI*, 1999-2, vol. LI, pp. 383 y ss.

Esta idea vendría reforzada por el hecho de que las medidas previstas en esta norma debían adoptarse de conformidad con el art. 67, 1.º del TCE/TA, que preveía un período transitorio de cinco años, durante el cual las decisiones tenían que ser adoptadas por unanimidad, quedando así bastante próximo el mecanismo previsto a la lógica de la vía intergubernamental (comunitarización retardada)[30]. Con posterioridad, el TL, de 13 de diciembre de 2007, que modifica el TUE y el TCE, permitió llevar a cabo lo que se ha denominado la «salida del túnel constitucional», dándose también un importante paso adelante en materia de dd. hh.[31]

En todo caso, el Título IV del TCE/TA aglutinó un conjunto de materias, cuya competencia se cedió a las instituciones de la UE, con el propósito de establecer un ELSJ de forma progresiva (art. 61 del TCE/TA). Objetivo éste que ratificó posteriormente el TL[32]. En concreto, el actual Título V del TFUE lleva por título «*Espacio de libertad, seguridad y justicia*», cuyo sentido expresa el art. 67, 1.º del TFUE: «*la Unión constituye un espacio de libertad, seguridad y justicia dentro del respeto de los derechos fundamentales y de los distintos sistemas y tradiciones jurídicos de los Estados miembros*».

Ahora bien, ha de ser entendido como un proceso, pues la consecución de cada uno de estos objetivos no puede alcanzarse de forma rápida. Esto es, dicho proceso tuvo como *leitmotiv* la creación de un ELSJ en el interior de

---

30   De otro lado, del tenor del art. 65 del TCE/TA («*en la medida necesaria para el correcto funcionamiento del mercado interior (...)*», se deducía una relajación de la vinculación con el mercado interior, a diferencia del art. 95 del TCE/TA (véase, LEIBLE, S./STAUDINGER, A., «El artículo 65 TCE: ¿carta blanca de la Comunidad Europea para la unificación del Derecho internacional privado y procesal?», *AEDIPr*, 2001, p. 99).

31   Véase, MARTÍN Y PÉREZ DE NANCLARES, J., «El Espacio de Libertad, Seguridad y Justicia en el Tratado de Lisboa», *Revista de las Cortes Generales*, 2007, pp. 85-125; *id.*, «Estudio preliminar» en, Martín y Pérez de Nanclares, J./Urrea Corres, M. (eds.), *Tratado de Lisboa*, Marcial Pons, Madrid, 2008, p. 35.

32   *DOUE*, Serie C, n.º 306/57, de 17 de diciembre de 2007. El texto consolidado del TL está publicado en el *DOUE,* de 9 de mayo de 2008.

la UE, que es necesario presentar y describir con carácter previo para comprender el sentido y la función del actual DIPr europeo, sin perder de vista también su relación con la integración política europea y, en concreto, con la importancia que tiene para ello la noción de ciudadanía. Por tanto, se requiere hacer hincapié en el marco más general en el que se ubica la citada comunitarización, esto es, en la consecución del ELSJ y, en concreto, en sus objetivos.

2. Espacio Europeo de Libertad, Seguridad y Justicia y política sobre cooperación judicial civil

A) Características del Espacio europeo de Libertad, Seguridad y Justicia

Como se ha señalado, la reforma del TCE (por el TA y por el TL) supuso la ampliación de la competencia de las instituciones europeas con respecto a un conjunto de materias (entre ellas, la CJC) y consistió fundamentalmente en la transformación de la Europa preferentemente económica (aunque no sólo) en una Europa que tiene como objetivos fundamentales la libertad, la segundad y la justicia[33]. Para ello, se trata de ir dando cuerpo a una nueva zona (que ya

---

33 La Comunicación: «Hacia un espacio de libertad, seguridad y justicia» señala que: el concepto de espacio de libertad, seguridad y justicia sintetiza *elevándolo al nivel de la Unión Europea, el acervo de nuestras tradiciones democráticas y nuestras concepciones del Estado de Derecho» (Documentos COM* 1998/459 final, de 14 de julio, p. 1). Considera M. Guzmán Zapater que el TL conlleva como principal innovación en relación con la construcción europea el hecho de haber situado el centro del proyecto en el ciudadano como persona y no ya como agente económico [véase, «La libre circulación de documentos públicos relativos al estado civil en la Unión Europea», en, M. Font i Mas (dir.), *El documento público extranjero en España y en la Unión Europea: Estudios sobre las características y efectos del documento público*, Ed. Bosch, Madrid, 2014, p. 93]; *id.*, «Cooperación judicial civil y Tratado de Lisboa: entre consolidación e innovación», *RGDE*, 2010, n.º 21, p. 5)].

no es un mero mercado) sin fronteras interiores, presidida por tales valores, comunes y compartidos por los Estados parte[34].

En este sentido, en principio, se señala que se trata de una expresión grandilocuente, que tiene connotaciones más políticas que jurídicas y que, en todo caso, compone una tríada, que pretende ofrecer a los ciudadanos europeos un emblema identificable de la UE del final del s.

---

34   Véanse, entre otros documentos a través de los que se van fijando los contornos de dicho nuevo ELSJ, básicamente conforme a los Programas de Tampere (1999-2004), La Haya (2004-2009) y Estocolmo (2010-2014), los siguientes: - Comunicación: «Hacia un Espacio de Libertad, Seguridad y Justicia», de 14 de julio de 1998 (*Documentos COM*/1998/459 final); - Plan de Acción del Consejo y de la Comisión sobre la mejor manera de aplicar las disposiciones del Tratado de Ámsterdam relativas a la creación de un espacio de libertad, seguridad y justicia, adoptado en Viena, el 3 de diciembre de 1998 (*DO*, Serie C, n.º 19, de 23 de enero de 1999); - Comunicación: «Espacio de libertad, seguridad y justicia. Balance del Programa de Tampere y futuras orientaciones» (*Documentos COM*/2004/401 final; - Comunicación: «Programa de La Haya: diez prioridades para los próximos cinco años. Una asociación para la renovación europea en el ámbito de la libertad, la seguridad y la justicia», de 10 de mayo de 2005 (*Documentos COM* 2005/184, final); - Comunicación, de 10 de junio de 2009: «Un espacio de libertad, seguridad y justicia al servicio del ciudadano» (*Documentos COM*/2009/262 final), que condujo a la adopción del Programa de Estocolmo; - Consejo Europeo, *Programa de Estocolmo. Una Europa abierta y segura, que sirva y proteja al ciudadano*, *DO* n.º 115, de 4 de mayo de 2010, pp. 1 y ss - Plan de Acción por el que se aplica el Programa de Estocolmo, que recoge la Comunicación: «Garantizar el espacio de libertad, seguridad y justicia para los ciudadanos europeos», de 20 de abril de 2010 (*Documentos COM* 2010/171 final). Más tarde en el Consejo Europeo celebrado los días 26 y 27 de junio de 2014 se definieron las orientaciones estratégicas del actual espacio de Libertad, Seguridad y Justicia para los próximo años y, por último, en el Consejo Europeo, de los días 20 y 21 de junio de 2019 se fijó la Agenda Estratégica para 2019-2024, aprobada por el Consejo el 20 de junio de 2019, que tiene como uno de sus objetivos la protección de los ciudadanos y de las libertades («*Europa ha de ser un lugar en el que los ciudadanos se sientan libres y seguros*»). Y, en concreto, se aprobó el Programa de 18 meses del Consejo (1-01-2020 al 30-06-2023), que perseguía, entre otros objetivos, apoyar la justicia en red y el desarrollo de intercambios de información en formato digital entre autoridades judiciales (Consejo de la UE, 10 de diciembre de 2021, doc. 14441/21, POLGEN 191). Por último, la actual Agenda Estratégica de la UE 2024-2029 persigue reforzar la posición de Europa en el mundo y mejorar la calidad de vida de su ciudadanía.

XX[35]. Y, en concreto, conlleva un avance con respecto al mercado interior (Acta Única Europea de 1986), que también supuso —en su día— cierto perfeccionamiento del mercado común (TCEE, 1957)[36].

Se considera que tiene su génesis en la noción de espacio judicial europeo, siendo el resultado de una necesidad sentida tras la caída del muro de Berlín (1989) de intensificación de la cooperación judicial más allá de los convenios que se habían elaborado hasta la fecha en el ámbito del reconocimiento conforme al originario art. 200 del TCEE de 1957[37]. En todo caso, tras la entrada en vigor del TA (y el posterior TL) se trataba de crear de forma progresiva un ELSJ, en el que la libertad de circulación de personas tenía un protagonismo renovado[38].

---

35   El concepto de ELSJ surgió y fue perfilado exclusivamente en el marco de la Conferencia intergubernamental de 1996 preparatoria del TA, sugerencia de la delegación española [véase, DEL VALLE GÁLVEZ, J. A., «Cap. 4. La libre circulación de personas en el espacio de libertad, seguridad y justicia (I)» en, M. López Escudero y J. Martín y Pérez de Nanclares (dirs.), *Derecho comunitario material*, Mc Graw Hill, Madrid, 2000, p. 44 y nota 9)]. Como tal emblema, se emplea con la finalidad de causar un impacto mediático, cuya resonancia recaba un importante consenso político, que ha de ser concretado con posterioridad para dotarlo de contenido jurídico *(Ibid.)*. Para la concepción europea del citado espacio véase, MARTÍN Y PÉREZ DE NANCLARES, J., *La inmigración y asilo en la Unión Europea. Hacia un nuevo espacio de libertad, seguridad y justicia*, Colex, Madrid, 2002, pp. 89 y ss.

36   Para la génesis del ELSJ y las consecuencias que se derivan en orden a la interpretación de las normas del sistema de DIPr, véase, en especial, BORRÁS, A./GARRIGA, G. (eds.), *Adaptación de la legislación interna a la normativa de la Unión Europea en materia de cooperación civil, Homenaje al Prof. Dr. Ramón Viñas Farré*, Marcial Pons, Madrid, 2012.

37   La respuesta de la UE a los nuevos desafíos ante la configuración política del mundo tras la caída del muro de Berlín consistió, en particular, en el establecimiento de vías para que tuviese lugar una cooperación más estrecha entre los Estados parte (véase, ORDÓÑEZ SOLÍS, D., «El espacio judicial de libertad, seguridad y justicia en la Unión Europea», *REP*, n.º 119, 2003, pp. 447-448).

38   La doctrina se refiere a una refundación jurídica, institucional y política de los ámbitos afectados por la libre circulación de personas, que han sido atraídos, subsumidos y racionalmente estructurados por el Derecho de la UE (véase, DEL VALLE GÁLVEZ, J.A., «Cap. 4. La libre circulación...», *loc. cit.*, p. 44).

De hecho, cabe recordar que el Título IV del TCE/TA llevaba por título «*visados, asilo, inmigración y otras políticas relacionadas con la libre circulación de personas*», debiendo considerarse que comprendía —en particular— la circulación de los nacionales de terceros Estados, esto es, que las nuevas normas resultado de la citada política europea sobre CJC también se orientan hacia el logro de dicho objetivo, junto con las medidas en el ámbito de la inmigración y el asilo.

Por tanto, si bien el actual art. 81 del TFUE se ubica en el Título V, denominado «*espacio de libertad, seguridad y justicia*», sin referencia a la citada libertad, cabe afirmar que dicha referencia expresaba una nueva idea, que comprende también a «*los nacionales de Estados terceros que presenten vínculos suficientemente profundos con el territorio de uno de los Estados miembros*» (cdo. 26 de la STJUE, de 29 de noviembre de 2007, as. Sundelind).

O, expresado de otra forma, que las instituciones de la UE tienen como objetivo la creación de un espacio en el que se dé respuesta a las relaciones privadas transfronterizas que tienen lugar en su interior, derivadas de la movilidad de las personas y/o empresas, con independencia de su nacionalidad[39]. De ahí la importancia de la nueva política en el ámbito de la CJC[40].

Y ello, sin perjuicio de las conexiones que esta nueva política también tiene con los objetivos y finalidad de la política europea en el ámbito de la ciudadanía, en la medida en que la primera se orienta hacia la mejora de la vida de los ciudadanos y de las empresas, tal y como se desprende, entre otras, de la Comunicación de la Comisión al Consejo y al Parlamento Europeo, «Espacio de

---

39   El actual art. 81 del TFUE se ubica en el Título V, denominado «*espacio de libertad, seguridad y justicia*», sin referencia a la citada libertad de circulación. Ahora, el Título IV del TFUE se ocupa de la libertad de circulación de los nacionales de la UE como derecho de ciudadanía.

40   Por tanto, la citada libertad de circulación no debía ser entendida como referencia al derecho de los nacionales de la UE, del que se ocupa en la actualidad el Título IV del TFUE, sino con un carácter general.

Libertad, Seguridad y Justicia: balance del programa de Tampere y futuras orientaciones», de 2 de junio de 2004[41].

En todo caso, una nota también importante es que el ciudadano europeo constituye el centro del nuevo ELSJ, tal y como indicó el Plan de Acción de Viena del Consejo y de la Comisión, adoptado por el Consejo en 1998[42] y se desprende del Programa de Estocolmo en materia de libertad, seguridad y justicia para 2010-2014 (*«Una Europa abierta y segura que sirva y proteja al ciudadano»*) y del Plan de Acción por el que se aplica el Programa de Estocolmo, que recoge la Comunicación: *«Garantizar el espacio de libertad, seguridad y justicia para los ciudadanos europeos»*, de 20 de abril de 2010[43].

En concreto, el citado Programa hace referencia a la idea de promover los derechos de los ciudadanos y de facilitar la vida a las personas[44]. Esto es, se trata de una zona de libertad, seguridad y justicia, orientada hacia la resolución de las cuestiones que se le suscitan al ciudadano en su vida diaria en sus relaciones o situaciones transfronterizas[45]. Y, de ahí, la importancia que cobra —entre otras—

---

41 *Documentos COM*, 401 final.

42 El Plan de Acción de Viena del Consejo y de la Comisión, adoptado por el Consejo en 1998, pedía que se determinaran las reglas de procedimiento civil cuya aproximación era urgente para facilitar el acceso de los ciudadanos europeos a la justicia y que se estudiara la elaboración de medidas adicionales para mejorar la compatibilidad de los procedimientos civiles [*DOCE* Serie L n.º 19, de 23 de enero de 1999, p. 1, apartado 41 letra d)].

43 Véase, *Documentos COM*, 1010/171 final, p. 2.

44 Véase, Consejo Europeo, *Programa de Estocolmo. Una Europa abierta y segura, que sirva y proteja al ciudadano*, *DO* n.º 115, de 4 de mayo de 2010, pp. 1 y ss. (punto 7, pp. 33 y ss.).

45 En este sentido, señala la Comunicación de la Comisión: «Hacia un espacio de libertad, seguridad y justicia en la Unión Europea» que: *«el nuevo impulso otorgado por el Tratado de Ámsterdam y los instrumentos que ha introducido proporcionan la ocasión para examinar lo que el espacio de justicia debería pretender realizar. La intención es dar a los ciudadanos un sentimiento común de justicia en toda la Unión. La justicia debe considerarse como un factor que facilita la vida diaria de las personas y que pide cuentas a los que amenazan la libertad y la seguridad de los individuos y de la sociedad. Esto implica el acceso a la justicia y una cooperación judicial plena entre los Estados miembros.*

la creación de una política global sobre administración de justicia y, en su interior, la política europea sobre CJC y el DIPr europeo[46]. Así, estas nuevas normas europeas (art. 81 del TFUE) también tienen como objetivo conseguir un concreto resultado: «ciudadanos móviles» o, dicho de otro modo, eliminar trabas para que este objetivo (incrementar la movilidad) sea una realidad.

Por tanto, la creación de un ELSJ va más allá de la mera adopción de medidas en el ámbito de la CJC, pues el objetivo de la integración es más ambicioso y está presidido por la idea de *«progresar en la Europa de los ciudadanos, con la garantía de que éstos puedan ejercer sus derechos y disfrutar plenamente de las ventajas de la integración europea»*[47]. De ahí la conexión que existe entre las nuevas medidas sobre la CJC con las acciones e iniciativas que se adoptan en el ámbito de la ciudadanía (Segunda parte del TFUE, bajo el título: *«No discriminación y Ciudadanía de la Unión»*)[48].

Lo que Ámsterdam proporciona es un marco conceptual e institucional para garantizar que estos valores se defienden en toda la Unión; es decir, el contexto en el que puede desarrollarse una política global de la Unión en la administración de la justicia» (Documentos COM 1998/459 final, de 14 de julio, p. 8).

46 Véase, IGLESIAS BUHIGUES, J.L., «La cooperación judicial internacional en materia civil», *Cooperación judicial internacional*, Col. Escuela Diplomática, n.° 5, Madrid, 2001, pp. 47-48.

47 Véase, Plan de Acción por el que se aplica el Programa de Estocolmo, que recoge la Comunicación: *«Garantizar el espacio de libertad, seguridad y justicia para los ciudadanos europeos»*, de 20 de abril de 2010 (*Documentos COM*, 1010/171 final, p. 2).

48 Esta conexión se aprecia, en particular, por la vinculación entre las iniciativas legislativas en el ámbito de la realización del ELSJ y las referidas a la libre circulación de los nacionales de la UE. En particular, en el Plan de Acción del Programa de Estocolmo (2010) se previó la adopción de dos Propuestas legislativas programadas para 2013, referidas a: la libre circulación de documentos mediante la supresión de la legalización de documentos entre los Estados miembros y el reconocimiento de los efectos de determinados documentos de estado civil (por ejemplo, los relativos a la filiación, a la adopción, al apellido). A resultas de dicho plan la Comisión elaboró el Libro Verde «Menos trámites administrativos para los ciudadanos: promover la libre circulación de los documentos públicos y el reconocimiento de los efectos de los certificados de estado civil» (*COM*/2010/747 final), que condujo a la adopción del Reglamento 2016/1191, del Parlamento Europeo y

Junto a ello, en este espacio también ha de asegurarse la protección y promoción de los derechos fundamentales, siendo éste un objetivo crucial que se indica en las conclusiones del Consejo europeo, celebrado los días 26 y 27 de junio de 2014, en el que se definen las orientaciones estratégicas en el ELSJ para los próximos años (EUCO 79/14)[49]. En este sentido, tras el TL, el actual art. 2 del TUE prevé que se aspira a conseguir en el interior del ELSJ la más plena realización de los dd. hh.[50]. Ha de destacarse

---

del Consejo, de 6 de julio de 2016, por el que se facilita la libre circulación de los ciudadanos simplificando los requisitos de presentación de determinados documentos públicos en la Unión Europea y por el que se modifica el Reglamento 1024/2012, cuya entrada en vigor tuvo lugar el 16 de febrero de 2019 (*DOCE* Serie L n.º 200, de 26 de julio de 2016). El aspecto que presenta interés destacar en esta sede acerca de esta normativa europea es que su base jurídica es el art. 21, 2.º del TFUE que recoge uno de los derechos del ciudadano, en concreto, a la libre circulación y residencia. Por tanto, su base jurídica no es ninguna de las disposiciones recogidas en el actual Título V del TFUE sobre el ELSJ, a pesar de que la concreta propuesta sí partió de uno de los Planes orientados hacia la consecución de dicha zona (Plan de Acción del Programa de Estocolmo).

49   El Consejo Europeo señala que la prioridad del Programa de Estocolmo (2010-2014) *«será centrarse en los intereses y las necesidades de los ciudadanos»* y *«en aquellas otras personas frente a las que la Unión tiene una responsabilidad»*. En particular, *«el espacio de libertad, seguridad y justicia debe ser, ante todo, un espacio único de protección de los derechos y libertades fundamentales»* (*DOUE* Serie C n.º 115, de 4 de mayo de 2010, p. 4). De otro lado, se indica que: *«el espacio europeo de libertad, seguridad y justicia debe ser un espacio en el que todas las personas, incluidos los nacionales de terceros países, puedan disfrutar del respeto efectivo de los derechos fundamentales consagrados en la Carta de Derechos Fundamentales de la Unión Europea»* (véase, Plan de Acción por el que se aplica el Programa de Estocolmo, *Documentos COM* 2010/171 final, p. 2). Véase, PI LLORENS, M., «El Programa de Estocolmo: el difícil camino hacia la constitución de una política transversal de derechos humanos en la Unión Europea» en, M. Pi Llorens y E. Zapater Duque (coords.), *¿Hacia una Europa de las personas en el espacio de libertad, seguridad y justicia?*, Marcial Pons, Madrid, 2010, pp. 129 y ss.

50   Señala que: *«la Unión se fundamenta en los valores de respeto de la dignidad humana, la libertad, democracia, igualdad, Estado de Derecho y respeto de los derechos humanos, incluidos los derechos de las personas pertenecientes a minorías. Estos valores son comunes a los Estados miembros en una sociedad caracterizada por el pluralismo, la no discriminación, la tolerancia, la justicia, la solidaridad y la igualdad entre mujeres y hombres»*. La doctrina considera que el TL conlleva como principal innovación el hecho de haber situado el centro del

que la Carta de Derechos fundamentales de la UE (en adelante, CDF) ha recibido plena eficacia jurídica tras la adopción del TL (art. 6, 1.º del TUE).

Y, en particular, en su Preámbulo señala que: «*al instituir la ciudadanía de la Unión y crear un espacio de libertad, seguridad y justicia, la Unión Europea sitúa a la persona en el centro de su actuación*». Y procede recordar también el art. 67, 1.º del TFUE («*la Unión constituye un espacio de libertad, seguridad y justicia dentro del respeto de los derechos fundamentales y de los distintos sistemas y tradicionales jurídicas de los Estados miembros*»). Por tanto, es indiscutible el protagonismo que cobran los dd. hh. en esta nueva zona, en particular, cuando están en juego tales derechos en la vida transfronteriza de las personas, de la que se ocupa la proyectada política europea en este ámbito (art. 81 del TFUE).

De otra parte, ese objetivo (la creación de un ELSJ) también tiene consecuencias en la CJC, en especial, en relación con su alcance, sin que deba minusvalorarse su impacto para la interpretación del sistema europeo de DIPr[51]. En todo caso, la naciente política europea sobre la CJC (para la que es funcional el DIPr europeo) participa también de esta finalidad y se crea en torno al reconoci-

---

proyecto en el ciudadano como persona y no ya como agente económico [véase, Guzmán Zapater, M., «La libre circulación de documentos públicos relativos al estado civil en la Unión Europea» en, M. Font i Mas (dir.), *El documento público extranjero en España y en la Unión Europea: Estudios sobre las características y efectos del documento público*, Ed. Bosch, Madrid, 2014, p. 93; *id.*, «Cooperación judicial civil y Tratado de Lisboa: entre consolidación e innovación», *RGDE*, 2010, n.º 21, p. 5].

51 Presenciamos una nueva fase de la construcción del DIPr europeo que ha superado la inicial en la que comenzaba a tener incidencia el Derecho comunitario en el DIPr de los Estados parte. Véase, Fernández Rozas, J.C., «Derecho internacional privado y Derecho comunitario», *RIE*, 1990, vol. 17, pp. 785 y ss.; Struyken, A.V.M., «Les conséquences de l'intégration européenne sur le développement du droit international privé», *RdC*, 1992, vol. 232, pp. 257 y ss.

miento mutuo en una zona en la que el protagonista es el ciudadano o, mejor, la persona y sus derechos como tal[52].

Fundamentalmente, la consecución del citado espacio expresa la idea de la UE de ampliar el objetivo de la integración, que ya no tiene tintes meramente económicos, sino que consiste —principalmente— en proteger los derechos de los ciudadanos en este nuevo espacio y, en concreto, los relacionados con la libertad de circulación[53]. Podría decirse también que se trata de «incrementar la libertad de circulación»[54].

Por tanto, cabe considerar dos claves que están presentes en el actual ELSJ, que explican (hasta cierto punto) su razón de ser: la primera de ellas es «asegurar» la movilidad de las personas, en particular, de las que ostentan la

---

52 Como señala la Comunicación de la Comisión: «Hacia un espacio de libertad, seguridad y justicia en la Unión Europea», *«los tres conceptos de libertad, seguridad y justicia están estrechamente vinculados (...). Estos tres conceptos indisociables tienen un mismo denominador común, las personas»* (*Documentos COM* 1998/459 final, de 14 de julio, p. 1).

53 Como señala A. del Valle Gálvez, el TL ha construido una nueva noción de «Espacio público», en el que la libertad de circulación de las personas debería quedar garantizada *«en condiciones aceptables de seguridad política y jurídica»* [véase, «Espacio de libertad, seguridad y justicia en el Tratado de Lisboa» en, Martín y Pérez de Nanclares, J. (coord.), *El Tratado de Lisboa: la salida de la crisis institucional*, Jornadas de la AEPDIRI, Madrid, 17 y 18 de diciembre de 2007, Iustel, Madrid, 2008, p. 419].

54 En particular, el Plan de Acción por el que se aplica el Programa de Estocolmo indica que: *«la movilidad debe incrementarse eliminando las barreras a las que se siguen enfrentando los ciudadanos cuando deciden ejercer su derecho a trasladarse a un Estado miembro distinto del suyo con la intención de estudiar o trabajar, crear una empresa, fundar una familia o jubilarse (...). La entrada en vigor del Tratado de Lisboa, la Unión dispone en la actualidad de los instrumentos para facilitar la vida cotidiana de las personas (...). El Derecho de la Unión puede facilitar la movilidad y permitir a los ciudadanos ejercer sus derechos de libre circulación. Puede contribuir a reducir tensiones innecesarias entre las parejas internacionales que se divorcian o separan y poner fin a la actual inseguridad jurídica en que se encuentran los niños y sus progenitores en situaciones transfronterizas. Puede ayudar a eliminar obstáculos al reconocimiento de los actos jurídicos y lograr el reconocimiento mutuo de los efectos de los documentos relativos al estado civil»* (*Documentos COM/2010/171 final, p. 4*).

nacionalidad de un Estado parte (pero no sólo de ellas), eliminando obstáculos y trabas de todo tipo[55].

Cabe mencionar que esta conexión entre la ciudadanía y la construcción de un ELSJ se encontraba ya presente en el Tratado de Maastricht por el que se crea la ciudadanía de la Unión (1992). En concreto, señala su artículo B que la Unión tendrá los siguientes objetivos (entre ellos): «- *reforzar la protección de los derechos e intereses de los nacionales de sus Estados miembros, mediante la creación de una ciudadanía de la Unión, - desarrollar una cooperación estrecha en el ámbito de la justicia y de los asuntos de interior*»[56].

Y, la segunda clave consiste en lograr la más plena realización de los derechos de la persona[57]. Éstas dos, a su vez, permiten conseguir un objetivo concreto que se ha propuesto la UE en el momento actual: la protección de los ciudadanos en el espacio transfronterizo que constituye la UE. De ahí la estrecha relación que mantiene la

---

55   En concreto, la Comisión se refiere a los «*ciudadanos móviles de la UE*» y a la necesidad de facilitar la vida de estas personas en el interior de la UE (esto es, en sus relaciones transfronterizas). Véase, Informe de la Comisión sobre la ciudadanía de la UE de 2020. «La capacitación de los ciudadanos y la protección de sus derechos», de 15 de diciembre de 2020 (*COM*/2020/730 final, p. 13, entre otras).

56   *DO* Serie C, n.º 191, de 29 de julio de 1992. Por su parte, la versión consolidada del citado Tratado, tras su modificación por el Tratado de Niza, prevé en su art. 2 que la Unión tendrá los siguientes objetivos, entre otros: «- *reforzar la protección de los derechos e intereses de los nacionales de sus Estados miembros, mediante la creación de una ciudadanía de la Unión, y - mantener y desarrollar la Unión como un espacio de libertad, seguridad y justicia, en el que esté garantizada la libre circulación de personas conjuntamente con medidas adecuadas respecto al control de las fronteras exteriores, el asilo, la inmigración y la prevención y la lucha contra la delincuencia*» (*DO* Serie C 325/10, de 24 de diciembre de 2002).

57   Como señala la Comunicación de la Comisión: «Hacia un espacio de libertad, seguridad y justicia en la Unión Europea», «*los tres conceptos de libertad, seguridad y justicia están estrechamente vinculados (...). Estos tres conceptos indisociables tienen un mismo denominador común, las personas*» (*Documentos COM* 1998/459 final, de 14 de julio, p. 1).

proyectada política europea sobre CJC con la concepción y evolución de la ciudadanía europea[58].

Y, como no podía ser de otra forma, la proyectada política sobre CJC participa también de esta finalidad y se crea en torno al reconocimiento mutuo en una zona en la que el protagonista es el ciudadano o, mejor, la persona y sus derechos como tal[59]. De ahí el interés que adquieren las normas que dan respuesta a las situaciones transfronterizas. Y, por ello, las nuevas medidas legislativas en el ámbito de la CJC están presididas por el reconocimiento mutuo (véase *infra*).

Por otra parte, no quedan atrás los derechos de la persona, pudiendo hablarse incluso de la existencia de una «identidad personal transfronteriza», constituida por un conjunto de derechos vinculados con la movilidad de los nacionales de la UE (derecho a la continuidad del nombre y de los apellidos, entre otros), como se verá *infra*[60].

B) Hacia una política sectorial sobre cooperación judicial civil transfronteriza

a) Elementos de la nueva política

Como se ha señalado *supra*, en el marco del referido ELSJ se desarrolla de forma progresiva una nueva polí-

---

58   Podría decirse que uno de los actuales objetivos de la UE presenta carácter transversal y, en concreto, consiste en reforzar la idea de protección de los nacionales de la UE, en especial, de sus relaciones transfronterizas, a través de las nuevas medidas en el ámbito de la CJC (art. 81 del TFUE). Véase, Informe de la Comisión sobre la ciudadanía de la UE de 2020 La capacitación de los ciudadanos y la protección de sus derechos, de 15 de diciembre de 2020 (COM/2020/730 final).

59   Se trata de la nueva senda orientada hacia la resolución de los problemas del ciudadano a la que se refiere la doctrina. Véase, GUZMÁN ZAPATER, M., «Cooperación judicial civil y Tratado de Lisboa: entre consolidación e innovación», *RGDE*, 2010, n.º 21, p. 5.

60   El art. 7 de la CDF, que garantiza el derecho a la vida privada y familiar, de la misma forma en la que está recogido en el art. 8 del CDH, supone el reconocimiento de la existencia de un «umbral mínimo de protección» de la persona, relacionado con el derecho a la vida privada y familiar (as. Mirin, cdo. 63), también en el contexto transfronterizo de la UE.

tica pública, que se encuentra *in status nascendi*: la política en el ámbito de la CJC transfronteriza[61]. Afirmar la existencia de la proyectada política no es cuestión baladí, sino que, por el contrario, es preciso identificar sus elementos para explicar el sentido y la finalidad de las nuevas normas nacidas a resultas del referido proceso de comunitarización.

Por tanto, la distinción entre la proyectada política pública y el nacimiento de un DIPr europeo permite entender en mayor medida el sentido de este nuevo conjunto normativo, que se rediseña e inventa (por decirlo de alguna forma) como un instrumento en orden a la consecución de los fines propios de la citada política, en el marco más amplio de la política europea global sobre administración de justicia[62].

Esto es, la citada política pública, entendida como conjunto de actividades y/o medidas coherentes y sistemáticas, que emanan de actores que tienen autoridad pública, presenta su propia lógica y persigue sus propios fines, para cuya consecución son funcionales las técnicas o herramientas que emplea el legislador europeo para dar respuesta a las situaciones privadas transfronterizas (que

---

61   En concreto, se señala que los elementos constitutivos de una política pública son los siguientes: la presencia de actores institucionales; la intención de solventar un problema que ha despertado el interés de las autoridades político-administrativas; la adopción de decisiones dotadas de cierta racionalidad acompañadas de las medidas necesarias para su ejecución; el propósito de cambiar u orientar los comportamientos o las conductas de grupos específicos; y la producción de impactos en el sistema social y político (véase, PASTOR ALBALADEJO, G., «Elementos conceptuales y analíticos de las políticas públicas» en, G. Pastor, *Teoría y práctica de las políticas públicas*, Tirant lo Blach, Valencia, 2014, p. 21).

62   Se define una política pública como un conjunto de objetivos, decisiones y acciones que lleva a cabo un gobierno para solucionar los problemas que se consideran prioritarios en un momento determinado y que generan determinados impactos o efectos en la sociedad (véase, DELGADO GODOY, L., «Tema 3. Las políticas públicas. El ciclo de las políticas públicas. Clases de políticas públicas. Eficacia, legalidad y control. Indicadores de gestión» en, *Documentación de Gerencia pública*, Comunidad de Castilla La-Mancha, 2009, pp. 1 y ss).

se desarrollan en el interior de la UE)[63]. O, en todo caso, estaríamos en presencia de un DIPr europeo funcional a los actuales objetivos de la UE.

Así, la referida comunitarización de la CJC (tras la adopción del TA) ha tenido un importante impacto en los sistemas nacionales de DIPr de los Estados de la UE y, en concreto, forma parte del proceso de creación de una nueva política sectorial, con determinadas características. Y otro hito hacia dicha nueva política europea sobre CJC lo marca el Tratado de Lisboa, de 13 de diciembre de 2007, que modifica el Tratado de la Unión Europea y el Tratado Constitutivo de la Comunidad Europea (en adelante, TL)[64].

Si bien la formulación del actual art. 81, 2.º del TFUE no difiere de forma significativa de la que ofrecía el art. 65 del TCE/TA, su ubicación y rúbrica pueden tener relevancia para interpretar la concepción europea sobre la CJC. El art. 81 del TFUE se ubica en el Título V, denominado «*espacio de libertad, seguridad y justicia*», ocupándose el Título IV del TFUE de la libertad de circulación de los nacionales de la UE. Cabe decir, por ello, que el TFUE ha singularizado las medidas en el ámbito de la CJC, al separarlas de otras políticas (en particular, políticas y acciones internas de la UE), lo que permite considerar que la competencia de las instituciones europeas tiene un objeto específico.

Por tanto, esta nueva sistemática permite apreciar la autonomía de la naciente política europea sobre CJC (que se enmarca en la realización del ELSJ) de un lado y, de otro, el protagonismo del DIPr (europeo) para construir dicha política. Cabe hablar, por ello, de la autonomía del art. 81 del TFUE (en el marco de la autonomía funcional del propio Título V del TFUE)[65]. Ésta es una característica

---

63   Dicha nueva política en el ámbito de la CJC sería sectorial, al enmarcarse en la futura política global de la UE en administración de justicia [véase, Comunicación de la Comisión: «*Hacia un espacio de libertad, seguridad y justicia*», COM (1998) 459 final, 14-7-1998, p. 8].

64   *DOUE*, Serie C, n.º 306/57, de 17 de diciembre de 2007. El texto consolidado del TL está publicado en el *DOUE,* de 9 de mayo de 2008.

65   Véase, BORRAS RODRÍGUEZ, A., «Las perspectivas de la cooperación judicial civil» en, *La presidencia española de la Unión Europea en 2010. Propuestas para una agenda ambiciosa*, Marcial Pons, Madrid, 2009, p. 366.

o rasgo distintivo de la proyectada política sectorial europea (dentro de la política global sobre administración de justicia)[66].

Por otro lado, en este nuevo contexto, en el que se trata de crear un espacio público presidido por los valores de la libertad, la seguridad y la justicia y para el logro de la mayor realización de los dd. hh., el art. 81, 1.º del TFUE subraya —de forma expresa— el reconocimiento mutuo, que se orienta —entre otros objetivos— hacia la garantía de la libre circulación de personas (véase *infra*)[67]. Si bien ha desaparecido del actual art. 81 del TFUE la referencia a la libre circulación de personas (que sí mencionaba el anterior art. 67 del TCE/TA), la naciente política europea sobre la CJC se orienta hacia este objetivo, de la más plena realización de la libertad de circulación de personas, entendida no necesariamente como derecho de ciudadanía (que recoge el art. 21 del TFUE), sino como criterio que preside la nueva construcción europea tras el TA (art. 3, 2.º del TFUE).

Así, la creación de un ELSJ presentaría connotaciones propias, que consisten en una mayor integración, que permita la realización de la libertad de circulación de per-

---

66   Señala la Comunicación de la Comisión: «Hacia un espacio de libertad, seguridad y justicia en la Unión Europea» que: *«el nuevo impulso otorgado por el Tratado de Ámsterdam y los instrumentos que ha introducido proporcionan la ocasión para examinar lo que el espacio de justicia debería pretender realizar. La intención es dar a los ciudadanos un sentimiento común de justicia en toda la Unión. La justicia debe considerarse como un factor que facilita la vida diaria de las personas y que pide cuentas a los que amenazan la libertad y la seguridad de los individuos y de la sociedad. Esto implica el acceso a la justicia y una cooperación judicial plena entre los Estados miembros. Lo que Ámsterdam proporciona es un marco conceptual e institucional para garantizar que estos valores se defienden en toda la Unión; es decir, el contexto en el que puede desarrollarse una política global de la Unión en la administración de la justicia»* (*Documentos COM* 1998/459 final, de 14 de julio, p. 8).

67   En particular, señala la Comisión que *«ese reconocimiento (de pleno derecho) presenta la ventaja de ofrecer la seguridad jurídica que el ciudadano puede esperar al ejercer su derecho a la libertad de circulación».* Véase, Libro Verde: *«Menos requisitos administrativos...»*, *loc. cit.*, punto 4.3.

sonas en condiciones aceptables de seguridad jurídica y política. Y el criterio del reconocimiento mutuo garantiza dicha libertad en orden a la realización del citado espacio, en el que el ciudadano también adquiere nuevos derechos en su vida transfronteriza, entre ellos, en particular, el «derecho a la continuidad del nombre» e, incluso, puede hablarse del «derecho a preservar su identidad personal» (véase *infra*).

El empleo de la noción de reconocimiento mutuo expresa la superación —hasta cierto punto— de la idea de «reconocimiento recíproco» que aparecía en el art. 220 del TCEE, de 25 de marzo de 1957, como se verá *infra*[68]. Y, en todo caso, el reconocimiento mutuo también ha de ser interpretado en el contexto de la realización del ELSJ y en el marco más amplio de la normativa sobre dd. hh. de acuerdo con el art. 6 del TUE[69].

En segundo lugar, como se ha indicado *supra*, la creación de un ELSJ va más allá de la mera adopción de medidas en el ámbito de la CJC, al presentar connotaciones propias, que consisten en una mayor integración. Por todo ello, cabe decir que dicha nueva política tiene como objetivo avanzar en la idea de integración europea a través de la elaboración de normas y de la articulación de medidas tendentes hacia la simplificación de procedimientos y trámites que hagan más fácil y ágil la vida (entendida esta expresión en un sentido amplio, que comprende las relaciones personales y familiares) del ciudadano en el interior

---

68 Y, por ello, puede decirse que la finalidad de los nuevos reglamentos nacidos tras la comunitarización de la CJC no coincide plenamente con la que tuvieron los instrumentos cuya base jurídica fue el art. 220 del TCEE, como se verá *infra*. En particular, el célebre Convenio de Bruselas, de 27 de septiembre de 1968.

69 Véase en este sentido, GARDEÑES SANTIAGO, M., «Cap. 3. El reconocimiento mutuo en la Unión Europea: su naturaleza jurídica a la luz de las técnicas o métodos del Derecho internacional privado» en, Agudo Rodríguez, J. (dir.), *Relaciones jurídicas transnacionales y reconocimiento mutuo*, Aranzadi, Pamplona, 2019, pp. 124-125.

del ELSJ[70], aunque no sólo, sino también de los nacionales de terceros Estados.

De ahí que la noción de circulación haya cobrado un nuevo significado, como evidencian la pluralidad de conceptos y nociones (aceptación, presentación, entre otras) que se emplean para describir este resultado o, mejor, postulado (véase *infra*)[71]. Y, para ello, para que tenga lugar dicha circulación en el espacio transfronterizo constituido por la UE, el art. 81 del TFUE subraya —de forma expresa— el reconocimiento mutuo (véase *infra*).

Por tanto, en este nuevo contexto, en el que se trata de crear un espacio público presidido por los valores de la libertad, la seguridad y la justicia y para el logro de la mayor realización de los dd. hh., el reconocimiento mutuo es un eje o vector de la proyectada política en el ámbito de la CJC[72]. Y, a su vez, el DIPr europeo es un instrumento al servicio de la citada política (como se verá *infra*).

---

70   Y, por ello, en este espacio el ciudadano adquiere nuevos derechos en su vida transfronteriza. Véase, ESTEBAN DE LA ROSA, G., «Identidad...», *loc. cit.*, pp. 157-179.

71   Se ha señalado con acierto que la movilidad no es un objetivo del DIPr europeo sino un postulado (véase, POILLOT-PERUZZETO, S., «La incidencia de las modalidades de reconocimiento de decisiones en el espacio judicial europeo en la dualidad orden público nacional/ orden público europeo», *AEDIPr*, 2009, vol. IX, p. 181 (trad. de R. Arenas García).

72   Es clara en este sentido la Comunicación de la Comisión, de 2 de junio de 2004, en la que se hace un balance de los resultados obtenidos tras la finalización del Programa de Tampere, al señala como una prioridad de futuro *«continuar y profundizar los trabajos previstos en el programa de reconocimiento mutuo».* En concreto, señala que: *«los esfuerzos deberán concentrarse en los ámbitos en los que todavía no existen normas comunitarias de reconocimiento mutuo (como, por ejemplo, consecuencias patrimoniales de la separación de parejas, casadas o no, o sucesiones y testamentos). Además, es posible que resulten necesarios nuevos instrumentos de reconocimiento mutuo que no figuraban en el programa inicial. La simplificación del reconocimiento de diversos tipos de documentos será cada vez más importante. En algunos ámbitos como, por ejemplo, el sucesorio, los problemas prácticos de los ciudadanos están a menudo más vinculados a este tipo de cuestiones que al problema tradicional del reconocimiento de las decisiones judiciales. Además, quizás sea conveniente a la larga facilitar el reconocimiento mutuo en otros ámbitos como, por ejemplo, el estatuto civil de las personas, las relaciones familiares o civiles entre personas físicas (asociaciones) o la filiación»* (Comunicación, «Espacio de Libertad, Seguridad

En tercer lugar, es una política pública convergente con las medidas y acciones adoptadas en el ámbito de la ciudadanía. Podría decirse que son dos políticas (ciudadanía y CJC) que coinciden (al menos, parcialmente), como se aprecia en los documentos y planes elaborados por la Comisión en el ámbito de la ciudadanía (véase *infra*)[73]. Cabría también decir que la política sobre la CJC es instrumental para el logro de los objetivos de la política pública en el ámbito de la ciudadanía. Y, en concreto, lograr una «ciudadanía móvil»[74].

Por otro lado, en principio, se ha señalado que el presupuesto y objetivo de la política europea sobre CJC consiste en la posibilidad de litigar, con equivalencia de garantías, ante cualquier autoridad judicial de la UE, que se considera un único territorio (a tales efectos)[75]. Objetivo que permitirá crear no sólo una Red Judicial entre las autoridades de los Estados parte, sino también un auténtico espacio de justicia[76]. De otra parte, se acepta de forma unánime que el enunciado del art. 81 del TFUE es sólo ejemplificativo.

Sin embargo, la creación de un ELSJ va más allá de la mera adopción de medidas en el ámbito de la CJC, pues

---

y Justicia. Balance del Programa de Tampere y futuras orientaciones», *Documentos COM*/2004, 401 final, p. 11).

73 Véase, «La eliminación de los obstáculos a los derechos de los ciudadanos de la Unión Europea». Bruselas, 27 de octubre de 2010, *Documentos COM* (2010) 603, final.

74 Véase «Informe de la Comisión sobre la ciudadanía de la UE de 2020. La capacitación de los ciudadanos y la protección de sus derechos», de 15 de diciembre de 2020 (*COM*/2020/730 final). En concreto, el informe hace balance del progreso realizado en el ámbito de la ciudadanía de la UE y propone prioridades y acciones nuevas que aporten beneficios reales a la ciudadanía, entre las que se encuentran: -facilitar el ejercicio de la libre circulación y simplificar la vida diaria (en concreto, una mayor seguridad jurídica a la hora de ejercer los derechos de libre circulación); y – proteger y promover la ciudadanía de la UE (p. 3). En particular, se emplea la idea de «ciudadanos móviles de la UE».

75 Véase, entre otros, Biavati, P., «Notificazioni e comunicazioni in Europa», *RTDPC*, 2002-I, p. 505.

76 Véase, Iglesias Buhigues, J. L., «La cooperación judicial internacional en materia civil», *Cooperación judicial internacional*, Col. Escuela Diplomática, n.º 5, Madrid, 2001, pp. 47-48.

el objetivo de la integración es más ambicioso y está presidido por la idea de «*progresar en la Europa de los ciudadanos, con la garantía de que éstos puedan ejercer sus derechos y disfrutar plenamente de las ventajas de la integración europea*»[77]. Y, en el marco de este objetivo cobra un renovado protagonismo el reconocimiento mutuo (art. 67 del TFUE), sin perder de vista la importancia que han adquirido los dd. hh. en dicha zona europea (en un contexto transfronterizo).

Por todo ello, cabe decir que dicha nueva política tiene como objetivo avanzar en la idea de integración europea a través de la elaboración de normas y de la articulación de medidas tendentes hacia la simplificación de procedimientos y trámites que hagan más fácil y ágil la vida (entendida esta expresión en un sentido amplio, que comprende también las relaciones personales y familiares) del ciudadano europeo en el interior del ELSJ y de los nacionales de terceros Estados que presenten vínculos suficientemente profundos con el territorio de uno de los Estados parte. De ahí el empleo de la idea de cristalización en el Estado de origen y del método de reconocimiento, que ha desarrollado la doctrina y el GEDIP (véase *infra*)[78].

---

[77] Véase, Plan de Acción por el que se aplica el Programa de Estocolmo, que recoge la Comunicación: «*Garantizar el espacio de libertad, seguridad y justicia para los ciudadanos europeos*», de 20 de abril de 2010 (*Documentos COM*, 1010/171 final, p. 2).

[78] En concreto, se propone el empleo del «método de reconocimiento» en el espacio europeo, pero sólo cuando se trata de ámbitos en los que la intervención de la autoridad supone la aplicación de su propia ley (ley del foro), como es el caso de la inscripción de parejas de hecho, la celebración de matrimonios, la constitución de adopciones, etc. La función de la autoridad en este tipo de casos consiste, principalmente, en verificar el cumplimiento de determinados requisitos, pero sin que se dicte un fallo conforme a un criterio general de equidad (lo que suele suceder, con carácter general, en los actos de jurisdicción voluntaria). La cuestión estribaría, por ello, en determinar los criterios que han de ser fijados por el foro para permitir que desplieguen efectos las situaciones extranjeras, entre ellos, p.ej., la existencia de cierta proximidad con el Estado de origen (véase, LAGARDE, P., «Développements futurs du droit international privé dans une Europe en voie d'unification: quelques conjectures», *RabelsZ*, 2004-2, p. 231). Véase una posición crítica en, MAYER, P., «Les méthodes de la reconnaissance en Droit international privé» en, *Le droit international privé:*

En todo caso, la citada política sectorial se relaciona de forma directa y específica con el Espacio europeo de justicia y no tanto ni de forma principal, en un principio, al menos, con las otras dos nociones de Libertad y Seguridad, a pesar de que puede considerarse que estos tres emblemas son indisociables, esto es, constituyen una unidad, al compartir idéntica finalidad[79].

b) Dimensión *ad extra*: competencia exterior de la Unión Europea

Por último, dicha política europea tiene también una dimensión *ad extra*, a la que se hará referencia de forma breve a continuación. En particular, la Comisión hace referencia en la Comunicación que condujo a la adopción del Programa de Estocolmo a que: «*la construcción del espacio de libertad, seguridad y justicia no se concibe sin una fuerte dimensión externa, coherente con la política exterior de la Unión Europea, y que debe contribuir a la propagación de nuestros valores, promoviéndolos dentro del respeto de las obligaciones internacionales relativas a los*

---

esprit et méthodes. Mélanges en l'honneur de Paul Lagarde, Dalloz, París, 2005, pp. 547 y ss; KOHLER, CH., «Lo spazio giudiziario europeo in materia civile e il diritto internazionale privato comunitario», PICONE, P. (ed.), *Diritto internazionale privato e diritto comunitario*, CEDAM, Padova, 2004, pp. 65 y ss (esp. p. 80); MANSEL, H.-P., «Anerkennung als Grundprinzip des Europäischen Rechtsraum. Zur Herausbildung eines europäischen Anerkennungs-Kollisionsrechts: Anerkennung statt Verweisung als neues Strukturprinzip des Europäischen internationalen Privatrecht?», *RabelsZ*, 2006, pp. 651 y ss. Este último considera que, para que pudiese tener lugar el método de reconocimiento sería necesario atribuir a las instituciones de la UE competencias nuevas y adicionales en el campo del Derecho de familia (p. 729). Ahora bien, considera que el certificado sucesorio europeo puede ser un primer hito en relación con la posibilidad de aceptar que dicho método sea factible en el espacio europeo (p. 731).

79 Como señala la Comunicación de la Comisión: «Hacia un espacio de libertad, seguridad y justicia en la Unión Europea», *«los tres conceptos de libertad, seguridad y justicia están estrechamente vinculados (…). Estos tres conceptos indisociables tienen un mismo denominador común, las personas»* (*Documentos COM* 1998/459 final, de 14 de julio, p. 1).

derechos humanos»[80]. Por su parte, el citado Programa de Estocolmo se refiere a la dimensión exterior de la libertad, la seguridad y la justicia[81].

En concreto, la amsterdamización de determinados ámbitos materiales que se encontraban en el Tercer Pilar del TCE también ha significado un nuevo cuestionamiento acerca de si las instituciones europeas tienen competencia para actuar en las relaciones con terceros Estados en los ámbitos competenciales transferidos tras la entrada en vigor del TA y, en particular, en el ámbito de la CJC[82]. Así, la creación del ELSJ también plantea una cuestión relacionada con la acción exterior de la UE y, en concreto, si las competencias asumidas *ad intra* también pueden ejercerse *ad extra* (en virtud de cierto paralelismo) y si puede vincular a los Estados parte a través de los compromisos asumidos por ella misma en las materias cuya competencia le ha sido delegada[83].

Para dar una respuesta hay que hacer referencia a la «doctrina de las competencias implícitas», al no indicar nada al respecto el art. 81 del TFUE. Cuestión ésta rela-

---

80 Véase, «Un espacio de libertad, seguridad y justicia al servicio de los ciudadanos», *COM* (2009), 262 final, p. 5.

81 Véase, Consejo Europeo, *Programa de Estocolmo. Una Europa abierta y segura, que sirva y proteja al ciudadano*, *DO* C n.º 115, de 4 de mayo de 2010, pp. 1 y ss (punto 7, pp. 33 y ss).

82 La ampliación de las competencias de la UE en el ámbito de la CJC, tanto en el marco interno como externo, era un objetivo de la comunitarización, como lo demuestra el contenido de la Nota, de 14 de noviembre de 2001, preparada por la Presidencia belga, sobre la evaluación de las conclusiones del Consejo europeo de Tampere, que aborda expresamente esta cuestión. Da cuenta de esta Nota BORRÁS RODRÍGUEZ, A., «La incidencia de la comunitarización del Derecho internacional privado en la elaboración de los convenios internacionales» en, *Estudios em Homenagem à Professora Doutora I. De Maglhaes Collaço*, vol. I, ed. Almedina, 2002, p. 46.

83 Véase, POCAR, F., «The Communitarization of Private International Law and its impact on the external relations of the European Union» en, A. Malatesta/S. Bariatti/F. Pocar (eds.), *The External Dimension of EC Private International Law in Family and Succession Matters*, CEDAM, Padova, 2008, pp. 3 y ss; STRUYKEN, A.V.M., «Das internationale Privatrecht der Europäischen Gemeinschaft im Verhältnis zu Drittstaaten und zur Haager Konferenz», *ZEuP*, 2004-2, pp. 227 y ss.

cionada con la referencia que recogía el art. 65 del TCE/ TA (que se mantiene, de forma matizada en el art. 81 del TFUE) a que se trate de medidas necesarias para el correcto funcionamiento del mercado interior. Para ello, el punto de partida es la distinción entre competencias implícitas y explícitas. El TJCE se ha referido a las competencias implícitas externas de las instituciones comunitarias en la conocida Sent., de 31 de marzo de 1971, Comisión c. Consejo (As. AETR n.º 22/70), al indicar que: «*cada vez que el Derecho comunitario ha establecido, a favor de las instituciones de la Comunidad, competencia en el plano interno con miras a realizar un objetivo determinado, la Comunidad está investida de la competencia para obligarse internacionalmente en la medida necesaria para la realización de este objetivo, incluso en ausencia de una disposición expresa a este respecto*»[84].

La cuestión se centra en verificar hasta qué punto esta doctrina del «efecto AETR» (o ERTA, *European Road Transport Agreement*) puede ser utilizada en relación con los nuevos ámbitos competenciales asumidos por las instituciones europeas tras la comunitarización de la CJC[85]. Con ocasión de la preparación del Reglamento 44/2001,

---

84   Publicada en el *Recueil* 1971, pp. 263-284. De ahí que se conozca como «doctrina AETR. Véase, WILDERSPIN, M./ROUCHAUD-JOËT, A.M., «La compétence externe de la Communauté européenne en droit international privé», *RCDIP*, 2004-1, pp. 6 y ss.

85   Sobre estos problemas se solicitó el dictamen del Servicio Jurídico del Consejo, que se manifestó de una forma no excesivamente clara y que deja abiertos los problemas, ya que su respuesta es eminentemente política. Parte de que el art. 65 del TCE/TA no atribuía expresamente poderes a la CE para celebrar tratados en el ámbito de la cooperación judicial en materia civil, por lo que la competencia exterior de la Comunidad sólo puede estar basada en una competencia implícitamente atribuida según los principios sentados por el TJCE, aunque reconoce que estos principios fueron elaborados para ámbitos muy distintos y alejados del DIPr, como los convenios de la Ronda Uruguay del GATT o en relación al CEDH (véase, BORRÁS RODRÍGUEZ, A, «Derecho internacional privado y Tratado de Ámsterdam», *REDI* 1999-2, esp. pp. 410 y ss). Se concluye afirmando que, en el caso de la cooperación judicial civil, «*no existe una vinculación necesaria entre la adopción de un instrumento interno necesario para el correcto funcionamiento del mercado interior y la conclusión de acuerdos con terceros Estados*» (véase, BORRÁS RODRÍGUEZ, A., «La incidencia...», *loc. cit.*, p. 59).

el Consejo y la Comisión adoptaron una Declaración conjunta sobre los arts. 71 y 72, así como sobre las negociaciones en el marco de la Conferencia de La Haya de Derecho internacional privado, conforme a la cual se sigue la «doctrina AETR».

Por este mismo motivo, el Consejo adoptó la Decisión 2003/93/CE, de 19 de noviembre, por la que se autoriza a los Estados miembros a firmar, en interés de la Comunidad, el Convenio de La Haya de 1996, al considerar que determinados artículos afectan al Derecho comunitario derivado y, en particular, al Reglamento 1347/2000, sobre cuyo ámbito tiene competencia exclusiva la Comunidad[86]. En la medida en que el citado convenio sólo reconoce la condición de parte a los Estados soberanos, la UE no puede firmar ni ratificar dicho convenio ni adherirse al mismo.

Ahora bien, en relación, en particular, con esta organización (Conferencia de La Haya), de la que ya es parte la UE, pueden emplearse las denominadas «cláusulas REIO» *(Regional Economic Integration organization),* que permiten la celebración de un acuerdo por organismos regionales de integración, como sucede en el caso de la UE[87]. De otro lado, permiten el desarrollo futuro de la legislación comunitaria[88].

El primer Convenio de La Haya que cuenta con una cláusula de adhesión REIO es el relativo a los Acuerdos de elección de foro, de 30 de junio de 2005, firmado por la Comunidad Europea, el 1 de abril de 2007, conforme a la declaración prevista en su Anexo[89]. Dicho convenio

---

86   *DOUE* n.º 48, de 21 de febrero de 2003.

87   Véase, WILDERSPIN, M./ROUCHAUD-JOËT, A.M., «La compétence externe...», *loc. cit.,* p. 20.

88   Véase, BORRÁS RODRÍGUEZ, A., «La incidencia...», *loc. cit.,* p. 60.

89   El Acuerdo está publicado en el *DO* Serie L n.º 133, de 29 de mayo de 2009. Dicha declaración dice que: «*la Comunidad Europea declara de conformidad con el art. 30 del Convenio, que ejerce su competencia sobre todas las cuestiones regidas por el presente Convenio. Sus Estados miembros no firmarán, ratificarán, aceptarán o aprobarán el convenio, pero estarán vinculados por él en virtud de su celebración*

quedó finalmente aprobado por Decisión del Consejo, de 4 de diciembre de 2014, autorizándose al Presiente del Consejo para designar a la persona o personas facultadas para proceder al depósito del instrumento de aprobación previsto en el art. 27, 4.º del Convenio[90].

En todo caso, se trata de una cuestión que ha de ser resuelta caso por caso, en relación con los instrumentos que han sido negociados en el seno de otras organizaciones internacionales y, en particular, por la Conferencia de La Haya[91].

La situación puede haber variado desde el punto de vista de una mayor claridad, pero no sustancialmente tras la adopción del TL (P. de Miguel Asensio), dado que a tenor del art. 4, 2.º letra j) del TFUE, la UE ejerce una competencia compartida con los Estados miembros en el ámbito de la cooperación judicial civil (que se rige por el principio de atribución), pero sólo en la medida en que la UE no haya ejercido su competencia o haya decidido dejar de ejercerla (art. 2, 2.º del TFUE)[92]. Por tanto, una vez que la UE ejerza dicha competencia legislativa, pasará el ámbito considerado a formar parte de su competen-

---

por la Comunidad Europea. A los efectos de esta declaración, el término Comunidad Europea no incluye a Dinamarca en virtud de los arts. 1 y 2 del Protocolo sobre la posición de Dinamarca, anexo al Tratado de la Unión Europea y el Tratado Constitutivo de la Comunidad Europea» (DOUE Serie L n.º 133, de 29 de mayo de 2009).

90 DO Serie L n.º 353, de 10 de diciembre de 2014.

91 En este sentido, Borrás Rodríguez, A, «Le Droit international privé...», loc. cit., pp. 467 y ss. Véase también, Struyken, A.V.M., «Das internationale Privatrecht der Europäischen Gemeinschaft im Verhältnis zu Drittstaaten und zur Haager Konferenz», ZEuP, 2004-2, pp. 227 y ss.

92 Y, de otro lado, la Declaración 36 aneja al Acta Final de la Conferencia intergubernamental en la que se adoptó el TL se refiere a la negociación y celebración de acuerdos internacionales por los Estados miembros en relación con el ELSJ. En concreto, señala que: «la Conferencia estima que los Estados miembros podrán celebrar y negociar acuerdos con terceros países u organizaciones internacionales en los ámbitos a que hacen referencia los capítulos 3, 4 y 5 del Título IV de la tercera parte, siempre y cuando dichos acuerdos se ajusten al Derecho de la Unión».

cia exclusiva[93]. Tales acuerdos vinculan a las instituciones europeas y a sus Estados miembros (art. 216, 2.º del TFUE) y se incorporan como Anexo de una Decisión de la UE.

Sin embargo, no puede llegarse a alcanzar la conclusión de que exista un vínculo necesario entre la adopción de un instrumento interno y el nacimiento de una competencia exclusiva externa, sino que la extensión de la competencia externa de la UE dependerá de los términos de la medida interna, dado que el propio TJUE se ha preocupado de limitar la posibilidad de considerar que existe una competencia externa ilimitada (A. Borrás Rodríguez)[94]. Por el contrario, se trata de una especie de mixtura (sistema mixto), que ha de acompañarse de la estricta observancia de los imperativos derivados del Derecho europeo[95].

---

93 Y, de otro lado, como aclara la doctrina, dicha competencia es interna y externa (en relación con los arts. 3, 2.º y 216 del TFUE), en este último caso, porque los Estados miembros tampoco pueden celebrar convenios entre sí o con terceros países que afecten o alteren el alcance de la norma (véase, IGLESIAS BUHIGUES, J. L., «Luces y sombras...», *loc. cit.*, p. 543). Por tanto, los Estados miembros deben abstenerse de celebrar acuerdos que puedan afectar a normas comunes o alterar su alcance (véase, DE MIGUEL ASENSIO, P., «Convenios internacionales y unificación del Derecho internacional privado de la Unión Europea» en, C. Esplugues Mota/G. Palao Moreno (eds.), *Nuevas fronteras del Derecho de la Unión Europea. Liber amirocum José Luis Iglesias Buhigues*, Tirant lo Blanch, Valencia, 2012, p. 68). Además, el art. 351, 2.º del TFUE dispone que: «*en la medida en que tales convenios sean incompatibles con los Tratados, el Estado o los Estados miembros de que se trate recurrirán a todos los medios apropiados para eliminar las incompatibilidades que se hayan observado (...)*».

94 De otra parte, esta situación de mixtura entre la competencia de los Estados parte de la UE y de la propia UE para la celebración de acuerdos con terceros Estados presenta ventajas, al permitir una esfera de intervención propia a cada uno de ellos como consecuencia de la falta de definición de la división de sus respectivos poderes [véase, BORRÁS RODRÍGUEZ, A, «Diritto internazionale privato comunitario e rapporti con Stati terzi» en, P. Picone (a cura di), *Diritto internazionale privato e Diritto comunitario*, CEDAM, Padova, 2004, pp. 459 y 461].

95 Este sistema mixto se había convertido en una especie de rasgo (característica) de las relaciones exteriores de la UE, en virtud del cual la propia organización, de un lado y, de otro, cada uno de sus Estados parte, aparecían como partes contratantes independientes en los convenios celebrados con terceros Estados, básicamente por razones de conveniencia u oportunidad *(expediency)* [véase, NEUWAHL, N. A., «Joint participation in international treaties and the exercise of power by the EC and its member States: mixed agreement», *CMLR*, 1991,

De otra parte, tampoco ha variado sustancialmente dicha situación tras el acceso de la UE a la condición de miembro de la Conferencia de La Haya, el 3 de abril de 2007[96], salvo por el hecho de que ha constituido «*un progreso necesario para el ejercicio por la UE de la competencia externa en el ámbito de la CJC*»[97]. Sin embargo, no deja de ser una cuestión polémica, pues «*la concreción de las normas comunes susceptibles de ser afectadas por el acuerdo internacional puede resultar incierta*», como ha puesto de relieve, de hecho, el apartado 8 de la Declaración de competencia de la Comunidad formulada con motivo de su adhesión a la Conferencia de La Haya de Derecho internacional privado (Decisión del Consejo 2006/719/EC)[98].

Por tanto, siguen planteándose innumerables cuestiones sobre la relación que mantienen los instrumentos europeos nacidos de la comunitarización con los conve-

---

vol. 28, pp. 717 y ss (esp. pp. 718, 726-739); *id*., «Shared powers or combined incompetence? More or mixity», *CMLR*, 1996, pp. 667-687].

96   Decisión del Consejo, de 5 de octubre de 2006, sobre la adhesión de la Comunidad a la Conferencia de La Haya de Derecho internacional privado (*DOUE* Serie L n.º 297, de 26 de octubre de 2006). Véase, González Campos, J.D., «La admisión de la Comunidad Europea en la Conferencia de La Haya de Derecho internacional privado y la reforma de su estatuto: líneas generales y principales cuestiones en un proceso aún no concluso», *REDI*, 2005-2, pp. 1157 y ss.

97   Véase, de Miguel Asensio, P., «Convenios internacionales...», *loc. cit.*, p. 62. Ahora bien, se considera que, a partir de este momento, la suscripción por la UE de los convenios de La Haya hace que, una vez que entren en vigor, formen parte del ordenamiento europeo y, por ello, sea posible o, incluso, obligatorio, plantear las cuestiones prejudiciales al TJCE para resolver las dudas que plantee su interpretación (véase, Struyken, A.V.M., «Le droit international privé d'origine communautaire...», *loc. cit.*, p. 477).

98   Véase, de Miguel Asensio, P., «Convenios internacionales...», *loc. cit.*, p. 60. Véase, «Declaración de competencia de la Comunidad en la que se especifican las materias en las que sus Estados miembros le han transferido competencias», incluida como Anexo II de la Decisión del Consejo, de 5 de octubre de 2006, sobre la adhesión de la Comunidad a la Conferencia de La Haya de Derecho internacional privado (*DOUE* Serie L n.º 297, de 26 de octubre de 2006).

nios que se celebran, en particular, por la Conferencia de La Haya, siendo sólo uno de estos ejemplos el ámbito de los alimentos. De hecho, tales instrumentos han sido elaborados en el seno de la Conferencia de La Haya, de un lado y en el marco de la UE, de otro, prácticamente de forma paralela y, sin embargo, los resultados —a juicio de la doctrina— no han sido los deseables, principalmente, porque se han elaborado textos de geometría variable[99].

Ahora bien, se destaca el importante papel que ha desempeñado la UE durante las negociaciones que se celebraron en La Haya en orden a la adopción de los acuerdos sobre alimentos, que ha conducido a que el Reglamento 4/2009, de 18 de diciembre de 2008, se remita al Protocolo de La Haya de 2007 para determinar la ley aplicable a la prestación de alimentos (art. 15), «*en los Estados miembros que estén vinculados por este instrumento*», ya que no todos estaban dispuestos a aceptarlo[100].

---

99 Véase, Borras Rodríguez, A., «The necessary flexibility in the application of the new instruments on maintenance» en, *Convergence and Divergence in Private International Law. Liber Amicorum Kurt Siehr*, K. Boele-Woelki, T. Einhorn, D. Girsberger, S. Symeonides (eds.), Eleven Int. Publishing & Schulthess Verlag, Zürich 2010, pp. 173 y ss (esp. p. 192). De hecho, los documentos de trabajo fueron presentados durante las negociaciones que se celebraron en la XXI Sesión diplomática de la Conferencia de La Haya (5-23 de noviembre de 2007) siempre en nombre de la UE, sin posibilidad para los Estados miembros de presentar documentos de forma individual [véase, Borrás Rodríguez, A/Parra, C., «La XXI sesión diplomática de la Conferencia de La Haya de Derecho internacional privado (5-23 de noviembre de 2007)», *REDI*, 2007-2, p. 855]. Ahora bien, se ha destacado igualmente que la UE no tenía competencia en todas las materias objeto de la negociación (p. 855).

100 Sólo se beneficiarán de la supresión del execuátur las decisiones dictadas en países vinculados por el Protocolo (véase, Borrás Rodríguez, A, «Las perspectivas de la cooperación judicial civil», AA. VV., *La Presidencia española de la Unión Europea en 2010. Propuestas para una agenda ambiciosa*, F. Aldecoa/L.N. González/M. Guzmán, coords., Novenas jornadas extraordinarias Escuela Diplomática, AEPDIRI, *Cuadernos de la Escuela Diplomática*, vol. 38, Marcial Pons, Madrid, 2009, p. 375).

3. Derecho internacional privado europeo

A) Aproximación a su fisonomía actual

No cabe duda de que la comunitarización del ámbito de la CJC ha provocado una transformación silenciosa pero profunda y constante de la fisonomía del DIPr de los Estados parte[101]. Si bien la mayoría de la doctrina que ha analizado la referida comunitarización y su alcance se ha mostrado cautelosa a la hora de valorar su impacto en los sistemas nacionales de DIPr[102], existe consenso a la hora de considerar que constituye un hito en la creación de una política europea sobre la cooperación en materia civil (que explicaría la hiperactividad de la Comisión)[103].

En todo caso, cabe hablar de la existencia del DIPr europeo, al haberse atribuido la competencia para legislar de forma horizontal, a diferencia de las anteriores reglamentaciones en las que se recogían normas sectoriales de DIPr[104]. Y todo ello en un marco más amplio: la progresiva

---

101 Un sector doctrinal considera que no cabría hablar, en puridad, de un DIPr europeo, al tratarse de una competencia delegada a las instituciones europeas, supeditada a los principios de proporcionalidad y subsidiariedad. Véase, GAUDEMET-TALLON, H., «Quel Droit international privé pour l'Union européenne?» en, Borches-Zekoll (ed.), *International Conflict of Laws for the Third Millenium, Esays in honour of Friederik K. Juenger*, Martinus Nijhoff, 2001, pp.330-332. En contra, FONT I SEGURA, A., «El progresivo avance del Derecho comunitario en materia de familia: un viaje inconcluso de Bruselas II a Bruselas II *bis*», *REDI*, 2004, p. 274. En todo caso, no se ha producido la «comunitarización del DIPr», porque la citada transferencia de competencias está presidida por un criterio finalista ajeno a las tradicionales clasificaciones jurídicas (véase, GONZÁLEZ BEILFUS, C., «Relaciones...», *loc. cit.*, p. 120).

102 Para estas distintas interpretaciones véase, LEIBLE, S./STAUDINGER, A., «El artículo 65 TCE: ¿carta blanca de la Comunidad Europea para la unificación del Derecho internacional privado y procesal», *AEDIPr,* 2001, pp. 89 y ss.

103 Véase, GONZÁLEZ BEILFUS, C., «Relaciones...», *loc. cit.*, p. 122; LEIBLE, S./STAUDINGER, A., «El artículo...», *loc. cit.*, p. 91. En sentido contrario, DE MIGUEL ASENSIO, P., «La evolución...», *loc. cit.*, p. 376.

104 Véase, ÁLVAREZ GONZÁLEZ, S., «Derecho internacional privado y Derecho privado europeo» en, Cámara Lapuente, S. (coord.), *Derecho privado europeo*, Colex, Madrid, 2003, pp. 157 y ss; GAUDEMET-TALLON, H., «Quel Droit...», *loc. cit.*, pp. 317-338; LEQUETTE, Y., «De Bruselas

creación de un ELSJ, que contará en un futuro con una política europea global sobre administración de justicia[105].

Se trata de dar cuenta a continuación de concretos aspectos que presenta el DIPr europeo relacionados con el proceso de integración que ha supuesto la creación de la UE y, en particular, del ELSJ[106]. Y ello, no sólo como

à La Haye (Acte II). Réflexions critiques sur la compétence communautaire en matière de Droit international privé» en, *Vers de nouveaux équilibres entre ordres juridiques. Mélanges en l'honneur de Hélène Gaudemet-Tallon*, Dalloz, París, 2008, pp. 503 y ss.

105 Véase, CAMPUZANO DÍAZ, B./ DI FILIPPO, M. /RODRÍGUEZ BENOT, A./ RODRÍGUEZ VÁZQUEZ, M.ª A., *Hacia un Derecho conflictual europeo: realizaciones y perspectivas*, Comisión Europea/ Universidad de Sevilla, 2008. Es de interés la posición que sigue la doctrina para explicar este proceso, de progresiva creación de un DIPr europeo, desde la óptica de la penetración en los ámbitos propios del DIPr del Derecho elaborado por las instituciones europeas desde la creación de la CEE en 1957 hasta la actualidad. Esta perspectiva permite ver que se trata de un proceso en el que la UE ha ido siendo consciente de la importancia que también tiene este sistema a los fines de la integración. En este sentido, en un principio, el interés que presentaba el DIPr se limitaba a los ámbitos de la competencia internacional y el reconocimiento de decisiones [véase, GAUDEMET-TALLON, H., «Quel Droit...», *loc. cit.*, p. 320].

106 Para este proceso y su significado para el DIPr véase, entre otras aportaciones, BARIATTI, S., «La cooperazione giudiziaria in materia civile dal terzo pilastro dell'Uniones europea al Titolo IV del Ttattato CE», *Il Diritto dell'Unione Europea*, 2001, vols. 2-3, pp. 261 y ss; *id.*, «The Future community Rules in the framework of the communitarization of the Private International Law» en, A. Malatesta (dir.), *The Unification of Choice-of-Law Rules on Tort and other non-contractual obligations in Europe*, CEDAM, Padova, 2006, pp. 5 y ss; BORRÁS RODRÍGUEZ, A., «Derecho internacional privado y Tratado de Ámsterdam», *REDI*, 1992-2, vol. LI, pp. 383 y ss; DE MIGUEL ASENSIO, P., «La evolución del Derecho internacional privado comunitario en el Tratado de Ámsterdam», *REDI*, 1998-1, pp. 373 y ss; *id.*, «Integración europea y Derecho internacional privado», *RDCE*, 1997, 2, pp. 413-445; GARDEÑES SANTIAGO, M., «El desarrollo del Derecho internacional privado tras el tratado de Ámsterdam: los arts. 61 c) y 65 TCE como base jurídica», *RDCE*, 2002, pp. 231-249; Hess, B., «Die Integrationsfunktion des Europäishen Zivilverfahrensrecht», *IPRax*, sept./oct. 2001, n.º 5, pp. 389 y ss; JESSURUN D'OLIVEIRA, «The EU and a Metamorphosis of Private International Law» en, J. Fawcett (ed.), *Reform and Development of Private International Law. Essays in honour of Sir Peter North*, Oxford, 2002, pp. 111 y ss; KOHLER, CH., «Interrogations sue les sources de Droit international privé européen après le Traité d'Amsterdam», *RCDIP*, 1991-1, pp. 30 y ss; POCAR, F., «La communitarizazzione del diritto internazionale privato: una *European conflict of Laws Revolution?*», *RDIPP*, 2004, pp. 873 y ss.

consecuencia de la comunitarización de la CJC, que toca de lleno el contenido del DIPr (y, por ello, de los sistemas de DIPr de los Estados parte), sino por el propio objetivo que supone la creación del ELSJ, con las consecuencias que conlleva también en relación con la dimensión exterior de la actuación de la UE (a la que se ha hecho referencia *supra*).

En todo caso, el DIPr europeo no está integrado sólo por las nuevas normas nacidas tras la comunitarización de la CJC. Por el contrario, es una referencia imprescindible el derecho a la libre circulación de personas y, en general, a la noción de ciudadanía, en la medida en que la citada CJC, como se ha señalado *supra*, es tan sólo un aspecto del nuevo norte u objetivo que persigue la UE a través de la creación progresiva de un ELSJ.

Por tanto, cabe decir que el DIPr europeo —a día de hoy— está conformado por todo el arsenal normativo y jurisprudencial de procedencia de la UE que tiene como objetivo dar respuesta a las situaciones transfronterizas que tienen lugar en su interior cada vez con más frecuencia, al no haber desaparecido la diversidad de ordenamientos nacionales.

Como se ha señalado *supra*, la comunitarización o amsterdamización (P.K. Kuijper) del ámbito de la CJC (art. 81 del TFUE) constituye —probablemente— un hito desde la perspectiva de la evolución que experimenta el DIPr en el momento actual. En especial, porque este campo del ordenamiento ha quedado teñido o, más bien, completamente imbuido de los fines propios de una organización regional, como es la UE, que ha ampliado sus objetivos de forma significativa tras la reforma del TCEE, por el TA. Y ha continuado en esta misma línea tras la reforma operada por el TL.

Así, cabe hablar del DIPr europeo, no sólo al ser ya importantes las normas que se centran en dar respuesta a las situaciones privadas transfronterizas, sino también porque se aprecia la voluntad del legislador europeo, que trata de hacer frente a tales situaciones de manera uniforme, con la aspiración de que la aplicación del ordenamiento europeo sea única en todos los Estados parte, asegurándose así el incremento de la movilidad de los ciudadanos[107].

En todo caso, presenta interés en esta sede centrarse en la idea de que estas normas son finalistas. Esto es, el DIPr europeo es funcional a los objetivos de la integración. De ahí que sea relevante explicar cuál es el objetivo que se persigue a través de la creación del ELSJ, que, como se ha indicado *supra*, expresa la superación de una idea de mercado (de carácter económico) para situar el centro de atención en la persona del ciudadano y, en concreto, se trata de agilizar y mejorar su vida transfronteriza[108].

Estas nuevas normas resultado de la comunitarización de la CJC presentan una nueva lógica y tienen una nueva finalidad u objetivo, que no coincide con el tradicionalmente aceptado o asumido en el momento de la formación histórica del DIPr, sino que concuerda con una orientación o rumbo del propio ordenamiento de la UE y de la idea de ciudadanía, en especial, tras la entrada en vigor del TA y del posterior TL[109]. Y, en este sentido, se trata de un DIPr funcional, porque es empleado por las instituciones de la UE para el cumplimiento de los objetivos que se plantean en el momento actual[110].

---

107 La doctrina hace referencia a un conjunto normativo de notable envergadura que —en términos muy generales— pretende guardar una armonía interna coherente, aunque no puede decirse todavía que presente los rasgos de completitud y plenitud (véase, Font I Segura, A., «El progresivo avance del Derecho comunitario en materia de familia: un viaje inconcluso de Bruselas II a Bruselas II *bis*», *REDI*, 2004, p. 274).

108 No es que los movimientos de la población constituyan un dato de la realidad, sino que son la *ratio* misma del nuevo DIPr europeo en el ámbito del Derecho de familia (véase, González Beilfus, C., «Relaciones...», *loc. cit.*, p. 186).

109 En este mismo sentido, González Beilfus, C., «Relaciones...», *loc. cit.*, p. 132.

110 Es un nuevo ordenamiento orientado o imbuido por la misma lógica que tiene la propia organización que le da vida. O, como señala la doctrina, en manos de la Comunidad, el DIPr es un instrumento para la integración y se vincula con el proceso de construcción política de

Por tanto, al mismo tiempo y de forma paralela a la creación del ELSJ tiene lugar la construcción del DIPr europeo, que trasciende ya la órbita de lo estatal para ubicarse en un marco más amplio con la finalidad de alcanzar los objetivos de la integración (propios de la UE), pero no entendida en un sentido mera o netamente económico, sino que incluye otros campos del Derecho privado, como el Derecho de familia, aunque no sólo[111]. Y todo ello con el objetivo de la progresiva creación de un ELSJ, que contará en un futuro con una política europea global sobre administración de justicia y «*que funcionará de modo análogo a un único espacio judicial*»[112].

Este nuevo DIPr está asentado sobre el objetivo de la protección del ciudadano y de la mayor realización/ garantía de la libertad de circulación[113]. Y, por ello, estas nuevas normas han de ser interpretadas de acuerdo con esta lógica, que indican de forma explícita los considerando de los nuevos Reglamentos, pudiendo citarse, entre ellos, el Reglamento 2019/1111, del Consejo, de 25 de junio de 2019, que derogó el Reglamento 2201/2003 a partir del 1 de agosto de 2022 (art. 104)[114]. Señala, entre otros, el

---

Europa, en concreto, con la Europa de los ciudadanos (véase, GONZÁLEZ BEILFUS, C., «Relaciones...», *loc. cit.*, pp. 124 y 132).

111   En este sentido, GONZÁLEZ BEILFUS, C., «Relaciones...», *loc. cit.*, p. 132. Para una crítica de la actividad de la UE en el ámbito del Derecho de familia véase, en particular, MCELEAVY, P., «Brussels II *bis*: Matrimonial Matters, Parental Responsibility, Child Abduction and Mutual Recognition», *ICLQ*, vol. 52, n.º 2, pp. 503-512; *id.*, «The Brussels II Regulation: How the European Community has moved into Family Law?», *ICLQ*, vol. 51, n.º 4, pp. 883 y ss.

112   Véase, GUZMÁN ZAPATER, M., «Las certificaciones...», *loc. cit.*, p. 130.

113   Se considera que la nueva competencia asumida conforme al art. 65 del TCE/TA enlaza con la libre circulación de personas, que no será plenamente eficaz sin un espacio judicial único en el que el ciudadano europeo puede hacer valer sus derechos de forma rápida y eficaz (véase, BORRÁS RODRÍGUEZ, a., «Derecho internacional privado...», *loc. cit.*, p. 391). También se afirma que se trata de facilitar el movimiento, evitando que los desplazamientos produzcan una pérdida de *status* o derechos que conduzcan a los interesados a pensar que la ciudadanía europea carece de un contenido real y tangible (véase, GONZÁLEZ BEILFUS, C., «Relaciones...», *loc. cit.*, p. 164).

114   *DOUE* Serie L n.º 178, de 2 de julio de 2019.

cdo. tercero que: «*la Unión se ha fijado el objetivo de crear, mantener y desarrollar un espacio de libertad, de seguridad y de justicia en el que se garanticen la libre circulación de personas y el acceso a la justicia*»[115].

En concreto, la idea de protección de los nacionales de la UE (y de los nacionales de terceros Estados que tienen su residencia habitual en el territorio de la UE) se encuentra presente en el art. 6, 2.º del Reglamento 2019/1111[116]. De igual forma, el objetivo de la libre circulación de personas se subraya en el Reglamento 1259/2010 del Consejo, de 20 de diciembre de 2010, por el que se establece una cooperación reforzada en el ámbito de la ley aplicable al divorcio y a la separación judicial (a pesar de que no se trate de un instrumento de reconocimiento)[117].

No obstante, es una lógica (en ocasiones) pobre, porque se adoptan soluciones que no pueden aceptarse desde la perspectiva de los valores que presiden la comunidad internacional[118]. Puede ponerse como ejemplo la falta de

---

115 En particular, esta consideración (la vinculación de la libertad de circulación de personas con las normas nacidas tras la reforma del TCE por el TA) se realizó en el momento de la elaboración del Reglamento Bruselas II, ya que los criterios de competencia podían afectar a nacionales de Estados terceros que no se benefician de la libertad de circulación. Sobre esta cuestión se manifestó la Comisión y el Servicio jurídico del Consejo de una forma poco clara. Véase, BORRÁS RODRÍGUEZ, A., «Derecho internacional privado...», *loc. cit.*, p. 391.

116 Véase, SANCHEZ JIMENEZ, M.ª A., «Cap. 2. La competencia judicial internacional en materia matrimonial» en, Campuzano Díaz, B. (dir.), *Estudio del Reglamento (UE) 2019/111 sobre crisis matrimoniales, responsabilidad parental y sustracción internacional de menores*, Aranzadi, Pamplona, 2022, p. 63. Véanse los as. Sundelind López (STJUE de 29 de noviembre de 2007, C-68/07) y MPA (STJUE de 1 de agosto de 2022, C-501/20).

117 En concreto, el cdo. noveno indica que: «*el presente Reglamento debe crear un marco jurídico claro y completo en materia de ley aplicable al divorcio y a la separación judicial en los Estados miembros participantes, garantizar soluciones adecuadas para los ciudadanos en términos de seguridad jurídica, previsibilidad y flexibilidad (...)*». *DO* Serie L núm. 343, de 20 de diciembre de 2010.

118 Se trata de la pobreza de valores a la que ya hizo referencia la doctrina en un momento histórico anterior, pero que se podría estar repitiendo en el interior del espacio transfronterizo constituido por los Estados par-

consideración que se hace a la diversidad cultural en el art. 10 de este último instrumento[119].

Ahora bien, esta afirmación (la mayor realización de la libre circulación de personas) constituye un punto de partida, esto es, supone o significa que «*son incompatibles con el sentido de la nueva regulación todas las soluciones que no garanticen la continuidad de las relaciones jurídicas*» en el actual ELSJ[120], a la que coadyuva el reconocimiento mutuo. O, dicho de otro modo, el reconocimiento mutuo entre Estados miembros es un corolario inevitable de la libertad de circulación[121].

Sin embargo, no es irreconciliable esta lógica con la mayor realización de los derechos de la persona en este espacio (interés del menor, entre otros), de acuerdo con otro de los objetivos actuales del ordenamiento de la UE, destacados de forma específica tras la adopción del Programa de Estocolmo (véase *supra*). Por tanto, cabe apreciar también en las nuevas normas europeas la presencia de valores, como es el caso, entre otros, del Reglamento 2019/1111 inspirado por el interés superior del menor a la hora de indicar una concreta regulación en el ámbito de la competencia internacional en materia de responsabilidad parental[122].

---

te de la UE (actual ELSJ). Véase, ZWEIGERT, K., «Zur Armut des internationalen Privatrechts an sozialen Werten», *RabelsZ*, 1973, pp. 435-452.

119 Véase extensamente, ESTEBAN DE LA ROSA, G., «Orden público y Reglamento 1259/2010: Reflexiones acerca del art. 10» en, Zurita Martín, I./Cervilla Garzón, M.ª D. (dirs.), *Identidad islámica y orden público en una sociedad inclusiva*, Aranzadi, Pamplona, 2023, pp. 205-226.

120 Véase, GONZÁLEZ BEILFUS, C., «Relaciones...», *loc. cit.*, p. 187.

121 Véase, BARATTA, R., «Problematic elements of an implicit tule providing for mutual recognition of personal and family status in the EC», *IPrax*, 2007-1, p. 7.

122 En este sentido, el cdo. 19 del Reglamento indica que: «*las normas de competencia (...) están concebidas en función del interés superior del menor y deben aplicarse de acuerdo con éste. Cualquier referencia al interés superior del menor debe interpretarse a la luz del art. 24 de la CDF (...) y de la Convención de las Naciones Unidas sobre los derechos del niño, de 20 de noviembre de 1989 (...)*».

Por todo ello, cabe afirmar que el DIPr europeo no puede ya considerarse una mera fuente material de la que se nutre el DIPr, sino un conjunto normativo independiente de los ordenamientos nacionales, constituido no sólo por las nuevas normas nacidas tras la comunitarización de la CJC, sino también por la interpretación que hace el TJUE de las libertades, en particular, de la libre circulación de personas.

Así, el DIPr europeo está constituido por un conjunto de normas y decisiones del TJUE, orientadas y presididas por una concreta finalidad, determinada por los propios objetivos que trata de conseguir la UE como organización regional, que consisten, en particular, en la mayor realización de las libertades y, en concreto, de la libertad de circulación de personas y en la más plena efectividad de los derechos de la persona (dd. hh.). Éstas dos, a su vez, permiten conseguir un objetivo concreto que se ha propuesto la UE en el momento actual: la protección de los ciudadanos en el espacio transfronterizo que constituye la UE.

B) Su autonomía

Como consecuencia de su carácter funcional y finalista, al que se ha hecho referencia *supra*, el DIPr europeo es independiente de los sistemas nacionales de DIPr, al no participar de su misma lógica[123]. De ahí que la idea de la cooperación judicial civil transfronteriza no deba asimilarse a la de «comunitarización del DIPr» (usualmente empleada para hacer referencia a este proceso), no tanto porque este nuevo ordenamiento no se ocupe de la competencia internacional, el Derecho aplicable, el reconocimiento y la cooperación internacional, sino porque el tra-

---

123 Como señala la doctrina en este sentido, en el estadio actual de la construcción europea no se sostiene la existencia de sistemas estatales, que aportan básicamente el mismo método y el mismo tratamiento a las situaciones privadas intracomunitarias y a las extracomunitarias, es decir, a las relaciones jurídicas circunscritas al territorio de la UE y a las relaciones jurídicas no circunscritas a este territorio (véase, DESANTES REAL, M./IGLESIAS BUHIGUES, J.L., «Hacia un sistema..., *loc. cit.*, p. 119).

tamiento de cada uno de estos temas se hace con una óptica o lógica que no es idéntica a la que tienen en el momento actual los ordenamientos nacionales (DIPr de cada Estados parte). Y el eje en torno al cual se está construyendo es el reconocimiento mutuo, que presenta características propias vinculadas con la integración (como finalidad de la UE)[124].

Esto es, ha tenido lugar un cambio cualitativo de enfoque o de óptica del sentido, función o finalidad de estas nuevas normas que, al ser también cada vez más abundantes, permite hablar de un DIPr europeo, al que es necesario prestar atención de forma específica, siendo conveniente destacar su autonomía[125]. Y el eje en torno al cual se construye es el reconocimiento mutuo, al no tratarse ya de permitir hacer valer en el foro las decisiones pronunciadas en otro Estado, sino que valen desde el principio[126]. Dicho vector también presenta características propias vinculadas con la integración (como se verá *infra*)[127]. Por tanto, uno de los primeros logros del DIPr de origen europeo es haber superado la cooperación internacional como base del sistema, al no tratarse ya de permitir hacer valer en el foro las decisiones pronunciadas en otro Estado parte, sino que valen desde su origen[128].

---

124 Véase, GONZÁLEZ BEILFUS, C., «El proyecto…», *loc. cit.*, pp. 662 y ss.

125 La doctrina hace referencia a un conjunto normativo de notable envergadura que —en términos muy generales— pretende guardar una armonía interna coherente, aunque no puede decirse todavía que presente los rasgos de completitud y plenitud (véase, FONT I SEGURA, A., «El progresivo…», *loc. cit.*, p. 274).

126 Véase, GONZÁLEZ BEILFUS, C., «Relaciones…», *loc. cit.*, p. 142.

127 Véase en este sentido, GONZÁLEZ BEILFUS, C., «El proyecto…», *loc. cit.*, pp. 662 y ss.

128 Véase, GONZÁLEZ BEILFUS, C., «Relaciones…», *loc. cit.*, p. 142. Como señala la doctrina, otro cambio que ha tenido lugar tras la citada comunitarización ha sido el impulso que ha recibido el reconocimiento mutuo, de forma que puede decirse que constituye una nueva modalidad de reconocimiento en el interior de la UE, distinta de la tradicionalmente empleada por los sistemas de DIPr, en la que el control se realiza en el país de origen de la decisión, de tal forma que la eficacia extraterritorial de la decisión certificada no suscita, en puridad, una cuestión de reconocimiento [véase, GUZMÁN ZAPATER, M., «Supresión del exequátur y tutela de derechos fundamentales: articulación en el

Dicha autonomía se verifica, por tanto, entre otros aspectos, en el papel que cumple o desempeña el reconocimiento mutuo en el ámbito de la CJC (art. 81 del TFUE), porque puede aseverarse —sin ningún género de duda— que no es la misma noción utilizada con anterioridad denominada «reconocimiento recíproco»[129]. Como se verá *infra*, el reconocimiento mutuo se enmarca en esta lógica de la creación de un ELSJ que consiste, en particular, en la simplificación o liberalización de todo tipo de trabas a la libertad de circulación del ciudadano, que conecta —por otro lado— con el principio implícito de reconocimiento (art. 7 de la Carta de Derechos Fundamentales de la UE) cuando están en juego los derechos de la persona[130].

De otro lado, esta autonomía también se aprecia en relación con su interpretación, que ha de hacerse dentro de la lógica de la organización a la que sirven estas nuevas normas y en coordinación con otras políticas públicas que se desarrollan simultáneamente en su interior (en particular, con la política en materia de ciudadanía, aunque

---

sistema español» en, Borrás, A./Garriga, G. (eds.), *Adaptación de la legislación interna a la normativa de la Unión Europea en materia de cooperación civil*, Homenaje al Prof. Dr. Ramón Viñas Farré, Marcial Pons, Madrid, 2012, p. 143]. Véase también, Orejudo Prieto de los Mozos, P., «Repercusiones del reconocimiento mutuo de las resoluciones judiciales en los sistema autónomos: excesos y carencias», *AEDIPr*, 2006, vol. 6, pp. 481 y ss.

129   También se habla de una recuperación (*revival*) de la «doctrina de los derechos adquiridos» en el espacio europeo, a la que ya se refería R. Savatier en un estadio incipiente de la construcción europea (véase, «Le marché commun au régard du Droit international privé», *RCDIP*, 1959, p. 254). Véase también, Pataut, E., «Le renouveau de la théorie de droits acquis», *TCFDIP*, 2006-2008, pp. 71 y ss; Lagarde, P., «Développements futurs...», *loc. cit.,* pp. 225 y ss; Michaels, R., «EU Law as Private international Law? Re-conceptualizing the country-of-origin principle as vested rights theory», *JPIL*, 2006, pp. 195 y ss.

130   El reconocimiento mutuo presenta conexiones con dicho principio implícito, a pesar de que ambos pertenezcan a lógicas de funcionamiento distintas, que se relacionan en el actual ELSJ. Véase, Arenas García, R., «El reconocimiento de las situaciones familiares en la Unión Europea» en, Cuartero Rubio, M.ª V./ Velasco Retamosa, J.M. (dirs.), *La vida familiar internacional en una Europa compleja: cuestiones abiertas y problemas de la práctica*, Tirant lo Blanch, Valencia, 2021, pp. 47 y ss.

no sólo)[131]. Y, por ello, también integran el DIPr europeo las decisiones del TJUE en el ámbito de las libertades y, en concreto, de la libre circulación de personas[132]. En particular, cuando se ocupan de las situaciones privadas transfronterizas que tienen lugar en el ELSJ, como ha quedado evidenciado en el as. García-Avello y el más reciente as. Mirin, entre otros (véase *infra*).

El TJUE en ésta y otras decisiones sobre el nombre de las personas físicas y sobre la identidad de género se refiere a una modalidad de reconocimiento en el interior del ELSJ vinculada con la libertad de circulación de personas, que encaja con la idea de protección de los ciudada-

---

131 También han de ser tomados en cuenta los objetivos, entre otras, de la Estrategia de la UE sobre los derechos del niño, adoptada por el Consejo de la UE celebrado en Bruselas, el 9 de junio de 2022.

132 En concreto, el TJUE ha interpretado el derecho a la libre circulación considerando que se opone a que se deniegue el derecho de residencia del cónyuge del mismo sexo de un ciudadano de la UE a pesar de que dicho matrimonio no está permitido por el Estado de la nueva residencia (as. 673/16, Coman, Sent. de 5 de junio de 2018). Véase, JIMÉNEZ BLANCO, P., «La movilidad transfronteriza de matrimonios entre personas del mismo sexo: la UE da un paso. Sentencia del Tribunal de Justicia de la Unión Europea, de 5 de junio de 2018, as. C-678/18, Coman», *La Ley Unión Europea*, n.º 61, de 31 de julio de 2018, pp. 1 y ss). También ha considerado que el Estado miembro del que el menor es nacional está obligado a reconocer el documento procedente del Estado miembro de acogida, que le permita ejercer su derecho a circular y residir en el territorio de los Estados miembros con cada una de las personas que figura como madre del menor (as. C-490/20, Pancharevo, Sent. de 14 de diciembre de 2021). Véase, RODRÍGUEZ RODRIGO, J., «Orden público europeo en Derecho de familia», *AEDIPr*, 2021, pp. 305-226; GONZÁLEZ BEILFUS, C., «Libre circulación de personas y homoparentalidad (comentario a la STJUE, de 14 de diciembre de 2021», *REEI*, 2022, n.º 43; GOÑI URRIZA, N., «El ámbito de aplicación de las libertades europeas que afectan al Derecho de familia y las relaciones entre el orden público de la Unión Europea y el de los Estados miembros», *CDT*, 2021, vol. 13, n.º 2, pp. 233-255. Por último, cabe citar en esta misma línea el más reciente Auto del TJUE, de 24 de junio de 2022 (As. C-2/21). Véase, GOÑI URRIZA, N., «El reconocimiento de las relaciones de filiación en la Unión Europea», *CDT*, 2023, vol. 15, pp. 970 y ss. El Alto Tribunal se pronuncia en estos asuntos sobre el reconocimiento de la relación personal y/o de familia instrumentada en el documento a los efectos de la interpretación de la Directiva 2004/38/CE.

nos de la UE y del disfrute de sus derechos (véase *infra*)[133]. Por ello, la doctrina considera que la respuesta dada por el Alto Tribunal realiza más un razonamiento de disfrute de derechos (de los nacionales de la UE) que propio del DIPr[134].

En este sentido, estas decisiones judiciales constituirían un claro exponente de la repercusión que ha tenido la noción de ciudadanía en orden a un cambio de lógica de la acción del Derecho europeo, que va desde la idea de libre circulación a un nuevo concepto, la protección de los nacionales de la UE, en el que basta con la existencia de un vínculo con el Derecho europeo (como sucedía por razón de la doble nacionalidad de los menores en el as. García-Avello) para que el asunto quede comprendido en su ámbito de aplicación, sin necesidad de que tenga lugar un desplazamiento[135]. Y, por ello, se entiende que representa un punto de partida de un DIPr europeo[136].

---

133   De ahí que se considere que la acción del TJUE en interpretación de la libertad de circulación de personas está alterando los tradicionales mecanismos con los que operan los sistemas de DIPr de los Estados parte (véase, GUZMÁN ZAPATER, M., «La libre circulación...», *loc. cit.*, p. 90).

134   Véase, BALLARINO, T./UBERTAZZI, B., «On Avello and others. A new Departure in the Conflict of Laws?», *YPIL*, 2004, vol. VI, p. 91. Y también percibe cierta evolución en la comprensión de la libertad de circulación de personas. Se trataría de etapas en la interpretación de la ciudadanía y de las prerrogativas y derechos que conlleva, desde el ámbito estrictamente económico (Dafeki, Konstantinidis), en una primera, a una segunda en la que se produce una extensión de mucha mayor envergadura al estado civil, materia ajena por completo a cualquier aspecto económico (as. García-Avello). Véase, PATAUT, E., «Le renouveau de la théorie de droits acquis», *TCFDIP*, 2006-2008, p. 90. Vincula este autor los progresos realizados con los derechos de la ciudadanía y, en concreto, con la labor que desempeña el TJUE en interpretación de las libertades. En particular, de la libre circulación de personas, aunque no sólo, porque también cabe hacer referencia a la libre circulación de trabajadores (as. Eftalia Dafeki).

135   Véase, BALLARINO, T./UBERTAZZI, B., «On Avello...», *loc. cit.*, pp. 85 y ss; esp. p. 112. E. Pataut también expone la importancia que adquiere el principio de proximidad para interpretar los derechos de ciudadanía, de tal forma que cabe sostener que el TJUE emplea esta noción (y no tanto la idea de movilidad) como criterio para aplicar dicha interpretación liberalizadora («Le renouveau...», *loc. cit.*, p. 90).

136   Véase, BALLARINO, T./UBERTAZZI, B., «On Avello...», *loc. cit.*, p. 91.

Por tanto, el DIPr europeo está siendo construido también a través de la interpretación que realiza el TJUE de la libertad de circulación de personas, como derecho o prerrogativa de la ciudadanía, con una nueva clave, como se verá *infra* de forma más detenida. Las respuestas que el TJUE está dando a esas situaciones privadas transfronterizas se vinculan con el derecho a la libertad de circulación, que es, a su vez, un derecho consustancial a la ciudadanía, y la exaltación de la persona, de sus derechos como tal, pero, en particular, en línea con el nuevo propósito de la UE de simplificar o facilitar la vida del ciudadano en sus relaciones transfronterizas, que se aprecia también en el as. García Avello y en el más reciente, as. Mirin, entre otros.

Y, en todo caso, cabe afirmar un cambio de enfoque o visión acerca del conjunto normativo surgido tras la comunitarización de la CJC[137]. Se suscita la cuestión de interpretar el nuevo arsenal de normas que conforman el DIPr europeo con arreglo a su sentido propio y a su finalidad; y al margen por completo de los objetivos de los sistemas estatales de DIPr, siendo el reconocimiento mutuo una manifestación de dicha autonomía del DIPr europeo[138].

---

137 Este nuevo enfoque ya no consiste en determinar el ámbito de aplicación de una concreta Directiva sobre una materia de Derecho privado, como sucedió en el conocido as. Ingmar (as. C- 81/98, STJUE, de 9 de noviembre de 2000). Cabe recordar que los arts. 100 y 100 A del TCE constituyeron la base jurídica para la elaboración de Directivas de armonización del Derecho privado, que incluyen normas de conflicto relativas a la aplicabilidad de la normativa armonizada o la armonización de reglas sobre ley aplicable de los Estados miembros (véase, DE MIGUEL ASENSIO, P., «La evolución del Derecho internacional privado comunitario en el Tratado de Ámsterdam», *REDI*, 1998-1, vol. L, p. 374).

138 En todo caso, el reconocimiento mutuo en el marco de la actual política europea sobre CJC presenta mayor parecido con el sentido en el que se ha empleado por el TJUE en interpretación de las libertades que con el tradicional que se encuentra en el origen del sector del reconocimiento (control en destino). Véase, ESTEBAN DE LA ROSA, G., «¿Transformación del reconocimiento de decisiones en el espacio europeo de justicia?», *RGDE*, 2022, n.º 50, pp. 21 y ss. Se considera que la idea del reconocimiento mutuo hace referencia al reconocimiento de las decisiones entre los Estados parte (entre sí), sin que, en princi-

Por todo ello, cabe decir que estaríamos ante una nueva fase de construcción del DIPr europeo, que ha superado la inicial en la que comenzaba a tener lugar una progresiva incidencia del Derecho comunitario en el DIPr y, por ello, esta integración económica regional presentaba interés, en particular, desde el ámbito de las fuentes[139].

La doctrina comenzó también a considerar la existencia de un conjunto de situaciones privadas internacionales, denominadas intracomunitarias, que se singularizan por estar teñidas por el componente de la integración (económica)[140]. Sin embargo, otros autores consideran que, tras el TA, cabe hablar de las situaciones intracomunitarias (y no de las situaciones privadas internacionales intracomunitarias), al situar la referencia en el territorio del que se predica el «sistema de DIPr europeo» (y no en las fuentes materiales u origen de las normas de DIPr)[141].

En todo caso, en el momento actual, la comprensión del DIPr europeo no puede hacerse al margen del ordenamiento entero de la UE, ni tampoco de sus políticas, en especial, en el ámbito de la ciudadanía, aunque no sólo (también sobre la libertad de circulación de trabajadores, as. Dafeki; la tutela de la infancia, la protección de los derechos fundamentales, entre otras). Ahora las propias

---

pio, esta noción conlleve o suponga una concreta identificación sobre sus contornos en la práctica (véase, DESANTES REAL, M./IGLESIAS BUHIGUES, J.L., «Hacia un sistema...», *loc. cit.*, p. 118).

139 Véase, FERNÁNDEZ ROZAS, J.C., «Derecho internacional privado...», *loc. cit.*, pp. 785 y ss; STRUYKEN, A.V.M., «Les conséquences...», *loc. cit.*, pp. 257 y ss; BORRÁS RODRÍGUEZ, A., «La falta de unificación del ámbito de aplicación del Derecho internacional privado comunitario» en, Badía, A.M./Pignau, A./Olesti, A. (coords), *Derecho internacional y comunitario ante los retos de nuestro tiempo. Homenaje a la Pfra. V. Abellán Honrubia*, vol. I, 2009, pp. 853 y ss. Se señala que la UE ha ido siendo consciente de forma paulatina de la importancia que también tiene el DIPr a los fines de la integración (véase, GAUDEMET-TALLON, H., «Quel Droit...», *loc. cit.*, p. 320).

140 En tales casos, la vinculación con dicho espacio económico modula las respuestas del DIPr a estas situaciones. Véase, GRUNDMANN, S., «Binnenmarkskollisionsrecht –vom klassischen IPR zur Integrationsordnung», *RabelsZ.*, 2000, pp. 457-477.

141 Véase, DESANTES REAL, M./IGLESIAS BUHIGUES, J.L., «Hacia un sistema...», *loc. cit.*, p. 123.

libertades constituyen también un criterio de interpretación para dar respuesta a las nuevas situaciones privadas transfronterizas que tienen lugar en el ELSJ y que afectan o se refieren principalmente a los nacionales de la UE (aunque no sólo)[142].

Y de ahí que pueda decirse, quizás, que el DIPr europeo se crea (como no podía ser de otra manera) a dos velocidades: una de ellas se refiere a los ciudadanos y la otra a los nacionales de terceros Estados, que también tienen una consideración específica en determinados casos[143]. De otro lado, en este nuevo DIPr europeo, el sector del Derecho aplicable sí es susceptible de externalización y, de ahí que cada vez con mayor frecuencia se elaboren normas europeas que tienen carácter universal[144].

Además, vinculada con la idea de autonomía también se encuentra la posibilidad de considerar un orden público propiamente europeo, así como el uso de expresiones que sitúan el énfasis en la idea de circulación (presentación, aceptación, entre otras), como postulado en el ELSJ[145].

---

142 Cabe recordar que el as. García Avello condujo a la elaboración de una Instrucción de la DGRN, de 23 de mayo de 2007, sobre apellidos de los extranjeros nacionalizados españoles y su consignación en el Registro civil, que se ocupa también de la cuestión de la imposición del nombre de los nacionales de Estados parte. En estos casos «*habrá que dejar a los sujetos libertad para elegir la ley estatal que deseen que rija los nombres y apellidos*» (*BOE* n.º 159, de 4 de julio de 2007).

143 Puede apreciarse esta situación, a título de ejemplo, en el Reglamento 2019/1111, al referirse a los foros de competencia, que establecen un criterio de preferencia a favor de los ciudadanos y de los nacionales de terceros Estados, que tengan su residencia habitual en la UE (art. 6).

144 Véase, DESANTES REAL, M./IGLESIAS BUHIGUES, J.L., «Hacia un sistema...», *loc. cit.*, p. 127. Sin embargo, siguiendo el razonamiento que emplean estos autores, que se refieren a la lógica de la integración y al sistema europeo de DIPr, no cabría externalizar el modelo europeo en el ámbito de la competencia internacional (esto es, trasladarlo a las relaciones *ad extra*), siendo ejemplo de ello el art. 5 del Reglamento 650/2012 en relación con el art. 22 (elección de ley). Cuando la elección de ley se ha realizado a favor de un ordenamiento de un Estado parte, se podrá acordar que sus tribunales tienen competencia exclusiva (pero no en otro caso).

145 La doctrina recuerda que el principio de no discriminación es el trasunto de las libertades y que, por ello, es operativo en el ámbito de la libertad de circulación de personas. En concreto, la función del or-

Por último, si bien la creación del Derecho privado europeo y del DIPr europeo van de la mano, no es previsible que desaparezca la diversidad de ordenamientos en la UE, sino que, por el contrario, el proceso de creación del DIPr europeo se enfrenta a retos, «*que permiten augurar una venidera época dorada*»[146]. Y, en concreto, cabe señalar la iniciativa que consiste en la elaboración futura de un Código europeo de DIPr, emprendida por el GEDIP.

4. Reconocimiento mutuo y nociones de reconocimiento operativas en el interior de la Unión Europea

A) El reconocimiento mutuo en el ámbito de la cooperación judicial civil

Como se sabe, el reconocimiento mutuo (principio de mutuo reconocimiento de las legislaciones nacionales) ha sido empleado por el TJCE con una clara finalidad de dar cuerpo al mercado interior[147]. En concreto, significa o supone «admitir» o «aceptar» por el Estado de destino

---

den público como un remedio de aplicación general se cumple ahora por el principio de no discriminación, que expresa los principios fundamentales que han de ser respetados y se utiliza para causar su aplicación (véase, BALLARINO, T./UBERTAZZI, B., «On Avello...», *loc. cit.,* p. 128). Y, por ello, cabe decir que la noción de orden público está incorporada en las libertades y no cumple un papel independiente en el DIPr europeo. Para la construcción de una noción europea de orden público en el contexto de la existencia de modalidades de reconocimiento en el ELSJ véase, POILLOT-PERUZZETO, S., «La incidencia...», *loc. cit.*, pp. 179 y ss.

146 Véase, GONZÁLEZ BEILFUS, C., «Relaciones...», *loc. cit.*, p. 146.

147 Para su significado, aplicación e interpretación por el TJCE véase, GARDEÑES SANTIAGO, M, *La aplicación de la regla del reconocimiento mutuo y su incidencia en el comercio de mercancías y servicios en el ámbito comunitario e internacional*, EUROLEX, Madrid, 1999. Cabe recordar que el citado principio es la expresión del reconocimiento del otro en el interior de la UE y de la diversidad legislativa (véase, MATTERA, A., «La reconnaissance mutuelle: une valeur historique ancien, un principe juridique integrationiste, l'assise politique d'un model de société humaniste», *RDUE*, 2009, n.º 3, pp. 413-414).

el producto legalmente fabricado o comercializado de acuerdo con la normativa del país de origen (as. Cassis de Dijon, 120/78, STJUE de 20 de febrero de 1979), salvo cuando existan exigencias imperativas que persigan una finalidad de interés general (siempre que sean adecuadas y causen el menor daño posible al tráfico intracomunitario)[148].

Con carácter general supuso un cambio de enfoque para la consecución del mercado interior, sin necesidad de una completa armonización de las legislaciones nacionales[149]. Ahora bien, dicho principio no presenta una única configuración, sino que, por el contrario, se han señalado la diversidad de manifestaciones que alcanza, siendo —por ello— más bien «*una política regulatoria que puede concretarse de maneras diversas*»[150]. Y que, de hecho, cabe observar que se ha concretado de una forma específica en el ámbito de la libertad de circulación de personas, quizás, por el hecho de que la UE carece de competencias en el ámbito del Derecho de la persona y familia[151].

---

148 El as. Cassis de Dijon supuso un significativo impulso liberalizador, que fue seguido de una Comunicación de la Comisión, de 3 de octubre de 1980 (*DOCE*, C, n.º 256). Véase, entre otras aportaciones, MATTERA, A., «L'arrêt Cassis de Dijon: une nouvelle approche pour la réalisation et le bon fonctionnement du marché intérieur», *Revue du Marché commun*, 1980, n.º 23, pp. 505 y ss.

149 Véase, Comunicación de la Comisión: «El reconocimiento mutuo en el marco del seguimiento del Plan de acción para el mercado interior», de 16 de junio de 1999 (*Documentos COM*/1999/299 final).

150 Véase, ARROYO JIMÉNEZ, L./UTRILLA FERNÁNDEZ, D., «El reconocimiento mutuo en el Derecho del mercado interior», 3/17 *Preprints series of the Center for European Studies Luis Ortega Álvarez and the Jean Monnet Chair of European Administrative Law in Global Perspective*, 2017, p. 14. Para las distintas manifestaciones del comportamiento del reconocimiento mutuo en el Derecho del mercado interior véase, *loc. cit.*, pp. 4 y ss.

151 En concreto, el principio de equivalencia en el ámbito de la libre circulación de personas cuando el asunto se centra en el nombre de las personas físicas, consiste en que, «*a falta de normativa de la UE en materia de modificación de los apellidos, incumbe al ordenamiento jurídico interno de cada Estado miembro regular los procedimientos de Derecho nacional destinados a garantizar la salvaguardia de los derechos que el ordenamiento jurídico de la Unión atribuye a los justiciables, siempre que tales procedimientos, por una parte, no sean menos favorables que los relativos a los derechos que se derivan del ordenamiento jurídico interno*

Ahora este criterio también ha encontrado acogida para la realización del nuevo ELSJ, de forma —aparentemente— independiente de las libertades y es operativo de lleno en orden a la adopción de medidas en el ámbito de la CJC, de acuerdo con el art. 81 del TFUE en relación con el art. 67, 4.º del mismo tratado[152]. Y, por tanto, cabe plantearse la pregunta acerca de su sentido, significado o función en el contexto de la actual política europea sobre CJC (o, lo que es lo mismo, en la formación del DIPr europeo)[153].

En principio, se ha considerado que dicho reconocimiento (mutuo) es una nueva técnica —diametralmente opuesta a la norma de conflicto— para dar respuesta a las situaciones privadas internacionales, que entra en competencia con el expediente localizador, al sustituirlo, en particular, en el interior de la UE en el marco de la creación del ELSJ, en el que las circunstancias relativas al estado civil y familia-

---

(principio de equivalencia) y que, por otra parte, no hagan imposible en la práctica o excesivamente difícil el ejercicio de los derechos que confiere el ordenamiento jurídico de la Unión (principio de efectividad)» (cdo. 42 del as. Freitag). Véase la jurisprudencia ibi citada.

152 Esta disposición señala que: «la Unión facilitará la tutela judicial garantizando en especial el principio de reconocimiento mutuo de las resoluciones judiciales y extrajudiciales en materia civil».

153 En todo caso, la doctrina señala que queda claro que el reconocimiento mutuo no sólo está fuera del reino del DIPr tradicional (localización de la sede de la relación), sino que, con respecto a éste, representa una alternativa diametralmente opuesta (véase, BALLARINO, T./UBERTAZZI, B., «On Avello...», loc. cit., p.119).

res circularían libremente (sin control de la ley aplicada)[154].
Ahora bien, este método no está ausente de críticas[155].

---

154   La doctrina se refiere al método de reconocimiento, en especial, en
el interior de la UE, como técnica de reglamentación de las situaciones privadas internacionales. Dicho método se caracteriza, en particular, por omitir cualquier tipo de control de la ley aplicada por la
autoridad de origen (véase, LAGARDE, P., «La reconnaissance...», *loc.
cit.*, pp. 481 y ss; *id.*, «Développements futurs...», *loc. cit.*, pp. 226 y
ss. Se considera que el futuro del DIPr europeo consiste en permitir
el reconocimiento automático de las circunstancias del estado civil
de la persona, sin necesidad de procedimiento y sin condiciones. Ello
no sólo sería posible en el caso de las instituciones del Derecho de
familia universalmente conocidas, como sucede con el matrimonio
o el nombre, sino también con otras, que sean sólo conocidas parcialmente en alguno de estos ordenamientos o cuyos efectos varíen
de un Estado a otro, como sucede con las parejas homosexuales.
La normativa que regulase el reconocimiento debería determinar dos
aspectos: la existencia de un vínculo suficiente de la situación con el
Estado de origen para justificar la obligación de reconocimiento y la
definición de los efectos que tendría la citada situación en el foro (véase, LAGARDE, P., «Développements futurs du droit international privé
dans une Europe en voie d'unification: quelques conjectures», *RabelsZ*,
2004-2, pp. 234-235; *id.*, «La reconnaissance. Mode d'emploi» en, *Vers
de nouveaux équilibres entre ordres juridiques. Mélanges en l'honneur
de Hélène Gaudemet-Tallon*, Dalloz, Paris, 2008, pp. 481 y ss). Véase
también, LAGARDE, P. (dir.), *La reconnaissance des situations en Droit
international privé*, Actes du Colloque international de La Haye du 18
janvier 2013, Ed. A. Pedone, Paris, 2013. Cabe decir que las propuestas
del GEDIP se encaminan en esta dirección, hacia el empleo del citado
método de reconocimiento en el espacio europeo, habiéndose elaborado un Informe preliminar preparatorio de la reunión celebrada en Milán
en   2023   (https://gedip-egpil.eu/wp-content/uploads/2023/06/Reconnaissance-des-situations-Rapport.pdf) y unas líneas directrices (https://
gedip-egpil.eu/wp-content/uploads/2023/06/Reconnaissance-des-situations-%E2%80%93-Lignes-directrices.pdf *(20/06/2025)*. Véase *infra*.

155   Véase una posición crítica en, KOHLER, CH., «Lo spazio giudiziario europeo in materia civile e il diritto internazionale privato comunitario»
en, Picone, P. (ed.), *Diritto internazionale privato e diritto comunitario*,
CEDAM, Padova, 2004, pp. 65 y ss (esp. p. 80); MAYER, P., «Les méthodes de la reconnaissance en Droit international privé» en, *Mélanges en
l'honneur de Paul Lagar*de. *Le droit international privé: esprit et méthodes*, Dalloz, París, 2005, pp. 547 y ss; MANSEL, H.-P., «Anerkennung
als Grundprinzip des Europäischen Rechtsraum. Zur Herausbildung eines europäischen Anerkennungs-Kollisionsrechts: Anerkennung statt
Verweisung als neues Strukturprinzip des Europäischen internationalen Privatrecht?», *RabelsZ*, 2006, pp. 651 y ss. Este último considera
que, para que pudiese tener lugar el método de reconocimiento sería
necesario atribuir a las instituciones de la UE competencias nuevas y
adicionales en el campo del Derecho de familia (p. 729). Ahora bien,
considera que el certificado sucesorio europeo puede ser un primer

En concreto, el origen del reconocimiento mutuo en el ámbito de la CJC se encuentra en los documentos elaborados tras la adopción del TA. En particular, tras la entrada en vigor del TA, se elaboró un Plan de Acción del Consejo y de la Comisión relativo a las modalidades de puesta en marcha de sus disposiciones relativas al establecimiento de un ELSJ, en el que se presentó un ambicioso conjunto de medidas destinadas a mejorar y simplificar las actuaciones en el ámbito del proceso en el interior de la UE (foros de competencia, práctica de pruebas, etc.)[156]. Además, se fijó el «*Marcador para supervisar el Progreso en la creación de un Espacio de Libertad, Seguridad y Justicia en la Unión Europea*»[157].

Y en este marco ha de situarse el Proyecto de medidas para la aplicación del principio de reconocimiento mutuo de las resoluciones judiciales en materia civil y mercantil[158]. Señala que el reconocimiento mutuo debería ser la piedra angular de la CJC y, consiste (como primer paso) en la supresión de los procedimientos intermedios (p. 1).

---

hito en relación con la posibilidad de aceptar que dicho método sea factible en el espacio europeo (p. 731).

156 Texto adoptado por el Consejo de justicia y asuntos internos el 3 de diciembre de 1998 (*DOCE* 1999, Serie C n.º 19, pp. 1 y ss). En este texto, junto a la finalización de la revisión de los convenios de Bruselas y Lugano y la adopción de un Convenio (Roma II) en el ámbito de las obligaciones extracontractuales, se preveía examinar —en un plazo de cinco años— las posibilidades de diseñar un instrumento sobre ley aplicable al divorcio (Roma III), una vez que entrase en vigor el Reglamento 1347/2000 y un instrumento que regulase la competencia judicial internacional, la ley aplicable y el reconocimiento y la ejecución de decisiones relativas a los regímenes matrimoniales y a las sucesiones. Se afirmaba también el propósito de mejorar y simplificar la cooperación entre tribunales para la práctica de pruebas y de examinar la posibilidad de una aproximación de ciertas áreas del Derecho civil, tales como la creación de un DIPr. uniforme para las adquisiciones de buena fe de bienes muebles.

157 Bruselas, 24 de marzo de 2000, *Documentos COM* (2000) 167 final

158 Véase, «Proyecto de medidas para la aplicación del principio de reconocimiento mutuo de las resoluciones judiciales en materia civil y mercantil» (*DOCE* Serie C, n.º 12, de 15 de enero de 2001). Véase, GONZÁLEZ BEILFUS, C., «El proyecto de medidas para la aplicación del principio de reconocimiento mutuo de las resoluciones judiciales en materia civil y mercantil», *REDI*, 2000-2, pp. 662 y ss.

De otra parte, afirma que el reconocimiento mutuo de las resoluciones civiles y mercantiles no es nuevo entre los Estados miembros, pero su aplicación ha sido limitada hasta la fecha (p. 2).

Continúa señalando la Comisión que el citado programa «*propugna la adopción de medidas que faciliten la actividad de los agentes económicos y la vida cotidiana de los ciudadanos*» (p. 2), porque se da por sentado que las decisiones claudicantes (o, dicho de otro modo, la falta de continuidad de las decisiones en el espacio) en el interior de la UE, en especial, en el ámbito de las relaciones familiares y personales (aunque no sólo) constituye un obstáculo para la libre circulación de personas[159].

En principio, señala la doctrina que se trata, más bien, de un reconocimiento recíproco, que es más amplio y de mayor alcance, al no requerir verificar la equivalencia entre las exigencias nacionales del Estado de origen y del Estado requerido[160]. Por tanto, una diferencia con respecto al reconocimiento mutuo operativo en el ámbito de las libertades (originarias) consistiría en que en el reconocimiento recíproco no se emplea la equivalencia para homologar las decisiones judiciales extranjeras, al haberse eliminado en los instrumentos europeos el control de la ley aplicada (por la autoridad de origen)[161].

---

159 Véase, Baratta, R., «Problematic elements...», *loc. cit.*, p. 6.

160 Se considera que la expresión reconocimiento mutuo que se emplea en el ámbito de las libertades no coincide con la utilizada para la consecución del ELSJ, sino que en este segundo caso se trata del reconocimiento recíproco, que presenta un contenido más amplio y un mayor alcance, al no exigir verificar la equivalencia (véase, Gardeñes Santiago, M., «Cap. 3. El reconocimiento mutuo en la Unión Europea: su naturaleza jurídica a la luz de las técnicas o métodos del derecho internacional privado» en, Agudo González, J., *Relaciones jurídicas transnacionales y reconocimiento mutuo*, Aranzadi, Pamplona, 2019, p. 125).

161 Como señala R. Arenas, otra diferencia con respecto al reconocimiento mutuo (operativo en el ámbito de las libertades originarias) consiste en que no se emplea la equivalencia para homologar las decisiones extranjeras en el espacio europeo, al no tener lugar el control de la ley aplicada por la autoridad de origen (véase, «Abolition of Exequatur: Problems and Solutions. Mutual Recognition, Mutual trust and Recognition of Foreign Judgements: too many words in the sea», *YPIL*,

Ahora bien, el mandato de reconocimiento mutuo (art. 67, 4.º y art. 81 del TFUE) presupone equivalencia entre las administraciones nacionales y confianza mutua, en la medida en que el ELSJ debe funcionar de modo análogo a un único espacio judicial nacional[162]. Y, en todo caso, queda claro que el «reconocimiento recíproco» resulta insuficiente para lograr los nuevos propósitos que están detrás de la creación de un ELSJ y, en concreto, la garantía de la libre circulación de personas (entendida en sentido amplio) y la simplificación, mejora y agilización de la vida transfronteriza de los ciudadanos (Europa de los ciudadanos), tal y como resulta de los documentos elaborados por la Comisión en relación con la creación del citado ELSJ.

De ahí que la noción de «reconocimiento mutuo» que emplea el art. 81 del TFUE pueda ser considerada una superación de la más tradicional de reconocimiento recíproco, que tampoco se asemeja —necesariamente— al reconocimiento mutuo, también denominado «principio de equivalencia» o «principio del paralelismo funcional» (como se verá *infra*)[163]. Así, cabe afirmar que el reconocimiento mutuo en el citado Proyecto tiene autonomía en la lógica de la progresiva creación de un espacio federal en el interior de la UE, en el que puedan circular libremente las decisiones judiciales pronunciadas por las autoridades

---

2010, pp. 1-28). Cabe recordar —no obstante— que el «control de la ley aplicada» sí se encontraba presente —de forma matizada, al emplear la equivalencia— en el art. 27, 4.º del Convenio de Bruselas, de 27 de septiembre de 1968. Esta disposición señalaba que: «*las resoluciones no se reconocerán (…): 4. si el tribunal del Estado de origen, para dictar su resolución, hubiere desconocido, al decidir de una cuestión relativa al estado o capacidad de las personas físicas, a los regímenes matrimoniales, a los testamentos o a las sucesiones, una regla de Derecho internacional privado del Estado requerido, a menos que se hubiere llegado al mismo resultado mediante la aplicación de las normas de Derecho internacional privado del Estado requerido*» (versión consolidada, DO Serie C n.º 27, de 26 de enero de 1998).

162   Véase, GUZMÁN ZAPATER, M., «Las certificaciones...», *loc. cit.*, p. 130.

163   Véase, MATTERA, A., «La reconnaissance mutuelle: une valeur historique ancien, un principe juridique integrationiste, l'assise politique d'un model de société humaniste», *RDUE*, 2009, n.º 3, pp. 413 y ss.

de los Estados parte (y los documentos)[164]. Se trata, más bien, de un reconocimiento inmediato, que cuenta en el momento actual con una pluralidad de manifestaciones. Esto es, se recoge de forma distinta en cada concreto instrumento europeo.

Por ello, desde que la UE tiene como objetivo la creación de una «política europea global sobre administración de justicia» y, en su interior, de una «política europea sobre cooperación judicial civil», la idea de circulación ha cobrado un significativo impulso. Y, en este nuevo contexto, el reconocimiento mutuo evoca una nueva idea de circulación, que no se asemeja ni puede asimilarse a las fórmulas más conocidas de reconocimiento o ejecución que se han empleado para hacer efectiva la (denominada) «libre circulación de decisiones judiciales» («quinta libertad comunitaria»)[165].

Este nuevo significado se percibe, en especial, en la pluralidad de conceptos y nociones que se emplean para describir este resultado: la circulación (véase *infra*). De ahí que el reconocimiento mutuo haya de ser entendido en sentido finalista, esto es, para lograr los nuevos objeti-

---

164 Se señala que el reconocimiento mutuo en el ámbito de la CJC es un concepto político, de contornos poco precisos desde el punto de vista técnico-jurídico, que equivale, fundamentalmente, a la libre circulación de decisiones judiciales (véase, GONZÁLEZ BEILFUS, C., «El proyecto de medidas...», *loc. cit.,* p. 662). De otro lado, la aplicación de este principio podría suponer que las decisiones que han sido reconocidas en un Estado europeo procedentes de terceros países, tengan que ser aceptadas por los demás Estados parte. Se supondría que los Estados parte confían en que el primer país europeo ha verificado las condiciones en las que ha sido pronunciada la decisión extranjera (garantías procesales, motivación, etc.), de tal modo que puede circular (en virtud del principio de equivalencia) en los demás Estados parte. Véase, PANET, A., «Chapitre 13. La reconnaissance des situations de statut personnel constituées au sein des états tiers» en, BERGE, J.-S./FRANCQ, S./GARDEÑES SANTIAGO, M. (eds.), *Boundaries of European Private international Law*, Bruylant, Bruxelles, 2015, pp. 678 y ss.

165 Se ha señalado que estas tradicionales nociones (reconocimiento y ejecución) no parecen aptas para calificar el modo de circulación del certificado sucesorio europeo (véase, BONOMI, A./WAUTELET, P., *El Derecho europeo de sucesiones...,* op. cit., p. 667).

vos que se propone la UE tras la creación del ELSJ[166]. Por tanto, a día de hoy, es el principal factor liberalizador de la circulación de decisiones y de todo tipo de documentos en la UE (en el actual ELSJ), y ello, con independencia de que se encuentre en juego la libre circulación de los nacionales de la UE[167].

---

166 Cabe apreciar con claridad este sentido finalista, entre otras, en la Comunicación de la Comisión al Consejo y al Parlamento Europeo, «Espacio de Libertad, Seguridad y Justicia: balance del programa de Tampere y futuras orientaciones», de 2 de junio de 2004 (*Documentos COM*, 401 final, p. 13). En particular, se indica que las dificultades y problemas que se le siguen presentando al ciudadano en el momento actual en el ELSJ no se asemejan a las que se han resuelto de forma tradicional a través del reconocimiento de decisiones judiciales. Ello permite pensar que la idea de reconocimiento mutuo en este nuevo marco o contexto, de la progresiva ampliación de los derechos del ciudadano (en particular, de la libre circulación y de la mejora y simplificación de sus relaciones transfronterizas en el ámbito de sus relaciones personales y familiares), evoca otra noción, distinta de la empleada de forma tradicional para hacer referencia al reconocimiento de decisiones.

167 Y ello sin perjuicio de la convergencia de ambas políticas: la política en el ámbito de la CJC y la política en materia de ciudadanía. De hecho, la noción de CJC (transfronteriza) estuvo relacionada —desde el principio— con la realización de los fines de la UE y, en especial, de la libre circulación de personas, como expresa de forma diáfana el art. K.1.6) del citado Tratado de la UE hecho en Maastricht el 7 de febrero de 1992, al señalar que: «*para la realización de los fines de la Unión, en particular de la libre circulación de personas, y sin perjuicio de las competencias de la Comunidad Europea, los Estados miembros consideran de interés común los ámbitos siguientes: 6) la cooperación judicial en materia civil*». De ahí que pueda decirse que el Tratado de Maastricht supuso un salto cualitativo en orden a encontrar el sentido o la función de las nuevas normas europeas surgidas tras la comunitarización del ámbito de la CJC. Cabe decir que las elaboradas con base en el art. 220 del TCEE, en especial, el celebérrimo Convenio de Bruselas, de 27 de septiembre de 1968, tienen como objetivo «*la simplificación de las formalidades a que están sometidos el reconocimiento y la ejecución recíprocos de las decisiones judiciales*» para lograr la libertad de circulación de decisiones. Sin embargo, las que se han aprobado con base en el TUE de 1992, en el TCE/TA y en el actual TFUE se orientan hacia la consecución de la libertad de circulación de personas, esto es, se trata de garantizar la citada libertad, de acuerdo con el art. 3, 2.º del TUE. Para esta transición véase, entre otras aportaciones, Bariatti, S., «La cooperazione giudiziaria in materia civile dal terzo pilastro dell'Unione europea al Titolo IV del Ttattato CE», *Il Diritto dell'Unione Europea*, 2001, vols. 2-3, pp. 261 y ss; Iglesias Buhigues, J.L., «La cooperación judicial en materia civil (CJC) antes y después del Tratado de Ámsterdam», *RGD*, núm. 644, mayo de 1998, pp. 5851 y ss.

Se pergeña, por tanto, el nacimiento de un nuevo concepto de circulación. Y, sin duda, el surgimiento de esta nueva idea se relaciona con la génesis de una política pública europea sobre la CJC (art. 81 del TFUE), para la que son instrumentales las nuevas medidas legislativas adoptadas (que quedarían englobadas bajo el denominado «DIPr europeo»). Y el reconocimiento mutuo se enmarca en esta lógica de la creación de un ELSJ que consiste, en particular, en la simplificación o liberalización de la circulación de todo tipo de decisiones y documentos, de un lado[168]. En especial, cuando se trata de certificaciones extranjeras (y, de forma específica, de estado civil)[169]. De otro lado, se conecta con el principio implícito de reconocimiento (art. 7 de la CDF) cuando están en juego los derechos de la persona en el interior de la UE[170]. Y también con el principio de continuidad transnacional (véase *infra*).

---

168 Como señala la doctrina, el reconocimiento mutuo recibe un colosal impulso en el TL (2009), como «*principio-eje en la realización de la tutela judicial de los derechos*» (art. 67, 4.º del TFUE) desde la perspectiva del reconocimiento de decisiones judiciales y no judiciales en el ámbito de la Unión (art. 81 del TFUE), esto es, del ELSJ, que debe funcionar de modo análogo a un único espacio judicial nacional (véase, GUZMÁN ZAPATER, M., «Las certificaciones...», *loc. cit.,* p. 130).

169 El Parlamento Europeo ya se había pronunciado (con carácter previo a la elaboración del Libro Verde «Menos trámites administrativos para los ciudadanos: promover la libre circulación de los documentos públicos y el reconocimiento de los efectos de los certificados de estado civil» sobre el reconocimiento de los documentos públicos y de los efectos de los certificados del estado civil [*Doc. COM* (2020) 747 final]. En particular, cabe citar la Resolución, de 23 de noviembre de 2010, sobre los aspectos de derecho civil, mercantil, de familia e internacional privado del Plan de Acción por el que se aplica el Programa de Estocolmo (2010/2080/INI). En concreto, en el cdo. 40 subraya «*la necesidad de asegurar el reconocimiento mutuo de los documentos oficiales publicados por las administraciones nacionales, acoge con satisfacción los esfuerzos realizados por la Comisión para que los ciudadanos puedan ejercer sus derechos a la libre circulación y apoya firmemente los planes para permitir el reconocimiento mutuo de los efectos de los actos del registro civil (...)*».

170 El reconocimiento mutuo presenta conexiones con dicho principio implícito, a pesar de que ambos pertenezcan a lógicas de funcionamiento distintas, que se relacionan en el actual ELSJ. Véase, ARENAS GARCÍA, R., «El reconocimiento de las situaciones familiares en la Unión Europea» en, Cuartero Rubio, M.ª V./ Velasco Retamosa, J.M. (dirs.), *La vida familiar internacional en una Europa compleja: cuestiones abiertas y problemas de la práctica*, Tirant lo Blanch, Valencia, 2021, pp. 47 y ss.

Por todo ello, puede afirmarse que el reconocimiento mutuo es un eje de la proyectada política pública europea en el ámbito de la CJC, cuyo objetivo es, sin duda, la liberalización más plena de todos los obstáculos a la libre circulación en la UE (entendida en sentido amplio). En concreto, cabría decir que la libre circulación de personas es el *leitmotiv* de esta proyectada política.

En concreto, expresa la idea de facilitar, mejorar, simplificar, agilizar y, en definitiva, eliminar obstáculos de todo tipo a la circulación, entendida en un sentido extenso, porque comprende relaciones personales, familiares, profesionales, laborales, etc. (de cualquier tipo), y, en todo caso, lo que quede comprendido en la idea de «civil» (relaciones entre particulares o empresas)[171]. En este sentido, aclara o define bien el significado o propósito del reconocimiento mutuo el art. 67, 4.º del TFUE, al señalar que: «*la Unión facilitará la tutela judicial garantizando en especial el principio de reconocimiento mutuo de las resoluciones judiciales y extrajudiciales en materia civil*».

Ahora bien, la citada política regulatoria (el reconocimiento mutuo), como herramienta de la nueva política europea en el ámbito de la CJC (y, por tanto, del nuevo DIPr europeo), se articula —a día de hoy— a través de fórmulas que no son unívocas, como se verá a continuación. En unas ocasiones significa o supone el reconocimiento de pleno derecho de las circunstancias de estado civil de los ciudadanos (de acuerdo con la jurisprudencia del TJUE, en especial en el ámbito del nombre de las personas físicas y de la identidad de género, como se verá *infra*).

---

171 De ahí que se haya considerado —con acierto— que el empleo del reconocimiento mutuo por el TJUE en conocidos asuntos en el ámbito de la homologación de documentos (as. E. Dafeki, entre otros) no era suficiente para lograr este objetivo con un alcance general, en especial, en relación con el amplio campo del Derecho civil, lo que ha conducido a elaborar instrumentos específicos con tal finalidad (véase, BONOMI, A./WAUTELET, P., *El Derecho europeo de sucesiones..., op. cit.*, p. 569).

En otras, conlleva la circulación de pleno derecho (y no con eficacia meramente probatoria) de determinados documentos (en particular, del CSE); y en otros casos, admitir en el foro (a todos los efectos) las decisiones extranjeras certificadas (en origen)[172]. En todo caso, queda claro que el control de la decisión extranjera se desplaza al origen, habiéndose eliminado —hasta cierto punto— la tradicional concepción de las condiciones (o causas) por las que cabe denegar su reconocimiento[173].

En todo caso, podrían existir distintas modalidades de «reconocimiento mutuo» en el espacio europeo en el momento actual[174]. Y, en particular, una de ellas está ligada directamente al ejercicio de la libre circulación de personas, de forma que este derecho ya no consiste en el mero desplazamiento físico del nacional de un Estado parte (y de los miembros de su familia, con independencia de su nacionalidad), sino también en la posibilidad de que circulen sus circunstancias personales y familiares en el Estado europeo al que se desplaza (a todos los efectos,

---

172 Se señala que «*la historia de la construcción europea se ha leído a partir de la evolución de las modalidades de reconocimiento*»: difícil y acompañado de numerosas condiciones, más simple en el procedimiento y más ligero en las condiciones e, incluso, ofreciendo un reconocimiento sistemático y sin procedimiento, al centrarse todo el debate en el Estado de origen (véase, POILLOT-PERUZZETO, S., «La incidencia de las modalidades de reconocimiento de decisiones en el espacio judicial europeo en la dualidad orden público nacional/ orden público europeo», *AEDIPr*, 2009, vol. IX, pp. 181-182).

173 Como señala la doctrina, «*este modelo de eficacia extraterritorial basado en el reconocimiento mutuo es un patrón en expansión en el ámbito europeo. En clave política, permite preservar la identidad y responde a la finalidad de mantener las diferencias normativas (art. 67 TFUE) y renunciar a la uniformidad. Tampoco socava el modelo de organización judicial o administrativa nacional: no se cuestionan las tradiciones jurídicas y judiciales de los Estados*» (véase, GÚZMÁN ZAPATER, M., «La propuesta de Reglamento 2013/0119 relativa a la libre circulación de determinados documentos públicos en la Unión Europea», *RGDE*, 2013, n.º 31, p. 14).

174 Con respecto a la construcción de una noción europea de orden público en el contexto de la existencia de modalidades de reconocimiento en el ELSJ véase, POILLOT-PERUZZETO, S., «La incidencia...», *loc. cit.*, pp. 179 y ss.

incluido el registral), salvo que puedan alegarse razones de interés general u orden público (véase *infra*)[175].

Por último, interesa afirmar que la noción de reconocimiento mutuo, que se emplea en el art. 81 del TFUE, no es ni el tradicional reconocimiento recíproco, ni el principio de reconocimiento mutuo utilizado por el TJUE para hacer efectivas las libertades («principio de equivalencia»)[176]. Es una noción funcional, al igual que lo es la nueva política sobre CJC, que se orienta hacia la creación del ELSJ. Y supone o conlleva la ausencia misma de reconocimiento, motivo por el que cabe hablar, más bien, de circulación de decisiones y documentos en la UE (véase *infra*)[177].

También es funcional la expresión DIPr europeo, que no equivale al DIPr que se conoce en la actualidad en cada uno de los Estados parte. Cabe emplear dicha expresión, en particular, para indicar que no se trata de una mera fuente del DIPr, sino de un completo micro ordenamiento jurídico en el interior del ordenamiento de la UE, del que también forman parte las decisiones del TJUE en el ámbito de la libertad de circulación de personas (en particular)[178].

B) Nueva noción de circulación: ejemplos

En otro lugar he sostenido que, salvando las diferencias podría apreciarse cierto parecido entre la evolución de la interpretación del reconocimiento mutuo por el TJUE en

---

175 Véase, ESTEBAN DE LA ROSA, G., «Identidad personal transfronteriza y Derecho internacional privado», *REDI,* 2022-2, pp. 157-179.

176 Véase extensamente, ARROYO JIMÉNEZ, L./UTRILLA FERNÁNDEZ, D., «El reconocimiento mutuo…», *loc. cit.*, pp. 1 y ss.

177 La doctrina emplea la categoría de: «*circulación internacional de decisiones de Derecho privado*», dentro de la que se encuentra el modelo europeo del «*anti-exequatur*» [véase, CALVO CARAVACA, J.L./CARRASCOSA GONZÁLEZ, J. (dirs.), *Tratado de Derecho internacional privado*, Tomo I, 2.ª ed., Tirant lo Blanch, Valencia, 2022, pp. 853 y 873].

178 Y, en concreto, el as. García-Avello y los demás casos ampliamente conocidos (a los que se hace referencia *infra*), en los que el Alto Tribunal se ha pronunciado acerca de las relaciones jurídico-privadas y, en particular, se suscita el efecto legitimador (ante las AA. PP.) del documento extranjero y/o su efecto registral. Véase *infra*.

el ámbito de las libertades y el proceso de creación de un ELSJ, en el que se garantice la libertad de circulación de personas a través de las medidas adoptadas en el ámbito de la CJC (art. 67, 4.º del TFUE)[179]. Quizás se esté en presencia de la exportación de este reconocimiento mutuo acuñado en el ámbito de las clásicas libertades a la realización del ELSJ[180].

Ahora bien, en todo caso, como se ha señalado, ya no cabe ni tan siquiera hablar (técnicamente) de reconocimiento en el interior del actual espacio judicial europeo, porque el control de la decisión (entendida esta noción en sentido genérico) se hace en origen. Se trata, más bien, de la idea de circulación, que se relaciona directamente con el ordenamiento de la UE, porque éste es uno de sus propósitos desde la creación de esta organización regional de integración. Por tanto, el reconocimiento mutuo en el ámbito de la CJC es, más bien, una técnica regulatoria, que puede concretarse de maneras diversas y, en todo caso, presenta características propias cuando se trata de la creación del ELSJ.

En unas ocasiones, conlleva un reconocimiento inmediato del título extranjero. Así sucede en el caso del CSE, que regula el Reglamento 650/2012. Se trata de un documento que, una vez que ha sido expedido por alguna de las autoridades que indica el citado instrumento, circula de pleno derecho de un modo único, que define el art. 69 del Reglamento[181]. Señala el art. 69, 2.º que: «*se presumirá*

---

179   Véase, ESTEBAN DE LA ROSA, G., «¿Transformación del reconocimiento de decisiones en el Espacio europeo de justicia?», *RGDE*, 2020, n.º 50, pp. 22 y ss.

180   En este sentido, cabe llamar la atención sobre el uso de expresiones y nociones (aceptación, presentación), que traen a la memoria la andadura ya realizada por el TJUE en el ámbito de las libertades. Cabe referirse al as. C-336/94; Eftalia Dafeki (STJCE, de 2 de diciembre de 1997), entre otros. Véase *infra*.

181   Véase, BONOMI, A./WAUTELET, P., *El Derecho europeo de sucesiones. Comentario al Reglamento (UE) n.º 650/2012, de 4 de julio de 2012*, Aranzadi, Pamplona, 2015, p. 667. En sentido crítico véase, KOHLER, M./BUSCHBAUM, M., «La reconnaissance des actes authentiques prévue pour les successions transfrontières. Réflexions critiques sur une

que el certificado prueba los extremos que han sido acreditados de conformidad con la ley aplicable a la sucesión o con cualquier otra ley aplicable a extremos concretos de la herencia. Se presumirá que la persona que figure en el certificado como heredero, legatario, ejecutor testamentario o administrador de la herencia tiene la capacidad indicada en él o es titular de los derechos o de las facultades que se expresen sin más condiciones o limitaciones que las mencionadas en el certificado». Así, el CSE incorpora una presunción de validez de los hechos constatados en el certificado[182].

Ahora bien, junto con esta original idea de circulación que evoca el CSE, los nuevos instrumentos europeos emplean otras nociones y expresiones, entre ellas, aceptación o presentación, también conocidas en el ámbito de las libertades. Así, los efectos del citado CSE no son comparables (ni la idea de circulación *supra* indicada) a la noción de aceptación que emplea el art. 59 del citado Reglamento 650/2012, que lleva por título *«aceptación de documentos públicos»* e indica que los documentos públicos expedidos en un Estado miembro de origen tendrán en otro Estado parte el mismo valor probatorio que en el primero o el efecto más parecido posible, con la única salvedad del orden público[183].

Por tanto, supone extender la eficacia probatoria del documento (público) conforme a la ley del Estado de ori-

---

approche douteuse entamée dans l'harmonisation des règles de conflits de lois», *RCDIP*, 2010, pp. 643 y ss.

182 Véase, GARDEÑES SANTIAGO, M., «El método del reconocimiento...», *loc. cit.*, p. 41. Otro sector de la doctrina considera que se trata de un medio de prueba *iuris tantum* cualificada de la condición de heredero, legatario o administrador/ejecutor (véase, FERNÁNDEZ-TRESGUERRES GARCÍA, A., *Las sucesiones mortis causa en Europa: aplicación del Reglamento UE n.º 650/2012*, Aranzadi, Pamplona, 2016, p. 667).

183 Como señala la doctrina, *«el art. 59 prevé un mecanismo para la circulación de la fuerza probatoria específica que se predica de los documentos públicos. Este mecanismo se basa en la extensión de la fuerza probatoria»* [véase, BONOMI, A./WAUTELET, P., *El Derecho europeo...*, *op. cit.*, p. 568].

gen, dejando a salvo la excepción de orden público[184]. Dicha finalidad sí coincide con la perseguida por el Reglamento 2016/1191, del Parlamento Europeo y del Consejo, de 6 de julio de 2016, por el que se facilita la libre circulación de los ciudadanos simplificando los requisitos de presentación de determinados documentos públicos en la UE (a pesar de haberse eliminado la expresión «aceptación» y haber empleado en su lugar «presentación»)[185].

Ahora bien, existen diferencias entre ambas reglamentaciones, dado que en el caso del Reglamento 2016/1191 no cabe alegar el orden público por la autoridad del Estado de recepción del documento o de su copia certificada, ni tampoco se ha recogido la fórmula que prevé el art. 59 del Reglamento 650/2012: *«o el efecto más parecido posible»* (al que posee en origen)[186]. Ello significa que la eficacia probatoria del documento (público) extranjero, cuyo principal objetivo sea establecer alguno de los hechos que recoge el art. 2, 1.º y 2.º del Reglamento 2016/1191, tiene lugar conforme a la ley del Estado de origen y, en este sentido, es completa[187]. La autoridad del Estado de recep-

---

184 Por tanto, esta disposición se refiere a la fuerza probatoria de los documentos públicos, pero no a la validez o a los efectos del acuerdo o de la relación jurídica que el documento vehicula. O, dicho de otro modo, lo que circula no es tanto la situación jurídica a la que se refiere el documento, como los efectos procesales de éste (véase, Bonomi, A./Wautelet, P., *El Derecho europeo..., op. cit.,* pp. 567-569).

185 *DO* Serie L, n.º 200, de 26 de julio de 2016. En todo caso, el Reglamento no asimila los modelos que recoge como Anexos a un «certificado europeo de estado civil», análogo al «certificado sucesorio europeo», que despliega efectos inmediatos en todos los Estados miembros (véase, Marino, S., «Cooperazione amministrativa e circolazione delle persone: verso il riconoscimento automatico degli atti di stato civile», *Riv. dir. int.,* 2013-3, p. 967).

186 En todo caso, el Reglamento no asimila los modelos que recoge como Anexos a un «certificado europeo de estado civil», análogo al «certificado sucesorio europeo», que despliega efectos inmediatos en todos los Estados miembros (véase, Marino, S., «Cooperazione amministrativa e circolazione delle persone: verso il riconoscimento automatico degli atti di stato civile», *Riv. dir. int.,* 2013-3, p. 967).

187 En concreto, se trata de los siguientes: el nacimiento, que una persona está viva, la defunción, el nombre, el matrimonio (incluidos la capacidad para contraer matrimonio y el estado civil), el divorcio, la separación judicial y la anulación del matrimonio, la unión de hecho

ción, por tanto, sólo puede poner en duda la autenticidad del documento (falsedad, en su caso), conforme al art. 14 (solicitud de información en caso de duda razonable)[188].

En otras ocasiones (sin pretensión de exhaustividad), determinado tipo de decisiones certificadas circulan en el espacio europeo sin que sea necesario ningún tipo de procedimiento ni control, por la confianza depositada en la autoridad del Estado de origen[189]. Cabe citar el certificado de título ejecutivo europeo, que permite que: «*una resolución que se haya certificado como título ejecutivo europeo en el Estado miembro de origen será reconocida y ejecutada en los demás Estados miembros sin que se requiera ninguna declaración de ejecutividad y sin posibilidad alguna de impugnar su reconocimiento*» (art. 5)[190].

Como puede apreciarse también está presente el reconocimiento mutuo, al tratarse de instrumentos que han nacido tras la comunitarización de la CJC[191]. Éste

---

registrad, la cancelación del registro de una unión de hecho, la filiación, la adopción, el domicilio o la residencia, la nacionalidad y la ausencia de antecedentes penales. El Reglamento también se aplica a los documentos públicos cuya presentación pueda exigir un Estado miembro a un candidato a las elecciones al Parlamento Europeo o a elecciones municipales o a un votante que participe en dichas elecciones, que sea nacional de dicho Estado miembro.

188   De otra parte, ambos instrumentos tienen distinta base jurídica. El Reglamento 2016/1191 tiene su base en el art. 21 del TFUE, mientras que el Reglamento 650/2012 la tiene en el Título V del TFUE sobre la CJC.

189   Esto es, no sólo se elimina el procedimiento de declaración de ejecutividad en el Estado requerido, sino también en términos generales, la posibilidad de que el juez del Estado requerido controle la decisión una vez que ha sido certificada (véase, ORÓ MARTÍNEZ, C., «Control del orden público y supresión del exequátur en el espacio de libertad, seguridad y justicia: perspectivas de futuro», *AEDIPr*, 2009, p. 207).

190   Reglamento 805/2004 del Parlamento Europeo y del Consejo, de 21 de abril de 2004, por el que se crea un título ejecutivo europeo para créditos no impugnados (*DO* Serie L, n.° 143, de 30 de abril de 2004).

191   Y, en concreto, se trataría del último grado del reconocimiento, tal y como aparece indicado en el citado Proyecto de medidas para la aplicación del principio del reconocimiento mutuo, que consiste (como segunda serie de medidas) en «*la completa supresión de cualquier tipo de control por parte del juez del Estado requerido sobre la resolución extranjera*», lo que permitirá a cualquier título nacional circular libremente en el seno de la Comunidad. «*Este título nacional tendrá la*

es también el caso de las resoluciones pronunciadas por un Estado parte del Protocolo de La Haya, de 23 de noviembre de 2007, sobre ley aplicable a las obligaciones alimenticias[192], de acuerdo con lo que indica el ya citado Reglamento 4/2009 en el ámbito de la obtención de alimentos (art. 17)[193].

Cabe recordar también —como hace la doctrina— que el Reglamento 2201/2003 fue el primer instrumento en instaurar el control de la sentencia en origen, de tal forma que si la autoridad del Estado de origen certifica la resolución de acuerdo con el modelo que aparece en los anexos, goza de ejecutividad directa en los demás Estados parte, sin que pueda el juez del Estado requerido llevar a cabo ningún control y sin posibilidad de oposición[194].

En concreto, cabe mencionar el mecanismo establecido en el art. 40, 1.º letra b) del Reglamento 2201/2003, en relación con el art. 11, 8.º, presente también ahora en el art. 42, 1.º, letra b) del Reglamento 2019/1111 en relación con el art. 29, 6.º. En concreto, el art. 47 de este último se refiere al *«certificado para resoluciones privilegiadas»*.

---

misma consideración en el Estado requerido que una resolución dictada en ese Estado» (*DO* Serie C n.º 12, de 15 de enero de 2001, p. 5, Propuestas. Hacia nuevos grados en el reconocimiento mutuo, A, 1, b). No obstante, se ha criticado la técnica legislativa seguida, al haberse adoptado soluciones de DIPr, en especial, en el ámbito del reconocimiento, que no se compadecen con la falta de armonización en materias procesales y sustantivas que hubiese sido necesaria. Véase, Sánchez Lorenzo, S., «La política legislativa de la Unión Europea en materia de Derecho internacional privado: de la técnica del carro ante los bueyes a la estrategia del avestruz» en, Esplugues Mota, C./Palao Moreno, G. (eds.), *Nuevas fronteras del Derecho de la Unión Europea. Liber amicorum José Luis Iglesias Buhigues*, Tirant lo Blanch, Valencia, 2012, pp. 133 y ss.

192   *DO* Serie L, n.º 331, de 16 de diciembre de 2009.

193   Señala esta disposición que: «*las resoluciones dictadas por un Estado miembro vinculado por el Protocolo de La Haya de 2007 serán reconocidas en los demás Estados miembros sin que sea necesario acudir a proceso alguno y sin posibilidad alguna de impugnar su reconocimiento*».

194   Véase, Rodríguez Vázquez, M.ª A., «Capítulo 11. El régimen general de reconocimiento y ejecución de resoluciones judiciales» en, Campuzano Díaz, B. (dir.), *Estudio del Reglamento (UE) 2019/1111 sobre crisis matrimoniales, responsabilidad parental y sustracción internacional de menores*, Aranzadi, Pamplona, 2022, p. 231.

En ambas regulaciones se está en presencia de lo que se ha denominado «decisiones privilegiadas», que gozan de un régimen especial en relación con el reconocimiento, porque no se supedita a ningún tipo de procedimiento ni tampoco al cumplimiento de condiciones, una vez que han sido certificadas[195].

Por último, las iniciativas legislativas más recientes también van en esta dirección del reconocimiento de pleno Derecho de la relación de parentesco constituida en el Estado de origen, pudiendo citarse como ejemplo el Certificado europeo de filiación, que permitirá (cuando tenga lugar su entrada en vigor) que el citado vínculo de parentesco tenga acceso a un registro en cualquier país de la UE. Se trata, en concreto, del proyectado Reglamento sobre reconocimiento de la filiación entre los Estados miembros (documento de 17 de diciembre de 2021), elaborado tras una consulta pública llevada a cabo por la Comisión (del 19 de mayo al 15 de agosto de 2021) sobre el reconocimiento de la filiación, que prevé la creación del «certificado europeo de filiación»[196].

También cabe mencionar el Proyectado Reglamento sobre el reconocimiento transfronterizo de resoluciones de adopción, que recoge la creación de un «certificado europeo de adopción», que permite el reconocimiento del vínculo de parentesco en que consiste la adopción extranjera (art. 11)[197]. Ambos se enmarcan dentro de la Estrate-

---

195 Véase, entre otros, As. Rinau, C-195/08 PPU, STJUE de 11 de julio de 2008.

196 En concreto, el art. 53, 3.º dispone: «*the Certificate shall constitute a valid document for the recording of parenthood in the relevant register of a Member State (...)*». Véase, la propuesta de Reglamento del Consejo sobre competencia, ley aplicable, reconocimiento de decisiones y aceptación de documentos auténticos en el ámbito de la filiación y sobre la creación de un Certificado Europeo de Filiación (Documentos COM(2022), 695 final, de 7 de diciembre de 2022). Véase, González Beilfus, C., «La Propuesta de Reglamento europeo de filiación: principales retos», AEDIPr, 2023, pp. 151 y ss.

197 Véase Resolución del Parlamento Europeo, de 2 de febrero de 2017, con recomendaciones destinadas a la Comisión sobre los aspectos transfronterizos de las adopciones (*DO* Serie C, n.º 252, de 18 de julio de 2018), en cuyo Anexo se recoge el Reglamento proyectado. En

gia europea sobre los Derechos del Niño, cuyas conclusiones se adoptaron por el Consejo, el 9 de junio de 2022 (10024/22).

C) Otras nociones de reconocimiento

En todo caso, existe una modalidad de reconocimiento en el interior de la UE, que se relaciona directamente con la libertad de circulación de los ciudadanos, que consiste, en concreto, en la posibilidad de que el nacional de la UE invoque sus circunstancias personales y familiares ante las autoridades de otro Estado parte para que desplieguen efectos en dicho Estado, sin que para ello sea necesario reunir determinadas condiciones o seguir un concreto procedimiento. En especial, cuando constan en certificaciones registrales extranjeras, tal y como cabe deducir de la jurisprudencia del TJUE en el ámbito del nombre de las personas físicas y de la identidad de género, aunque no sólo (véase *infra*)[198].

Esto es, no podrá impedirse que tales circunstancias desplieguen efectos, salvo que existan razones de interés general u orden público, de acuerdo con la interpretación que ha hecho el TJUE de esta noción (excepción a la confianza mutua). Por ello, cabe afirmar que existe una noción de reconocimiento vinculada con la libertad de circulación de personas operativa cuando se trata de nacionales de la UE. Y, comprende, en particular, que la persona se desplace con su

---

todo caso, la propuesta se refiere exclusivamente a las relaciones entre padres e hijos y con el objetivo de garantizar la libre circulación de las familias.

198   Por tanto, las prerrogativas de la ciudadanía se habrían ampliado al ámbito de las relaciones jurídico-privadas, a raíz de la interpretación que realiza el TJUE de la libertad de circulación de personas (en determinados asuntos). O, dicho de otra forma, cabe hacer referencia a la existencia de una nueva «libertad de circulación de las circunstancias de estado civil», que consiste en la posibilidad de invocar dichas circunstancias, sin procedimiento ni condiciones, salvo que existan razones de interés general. Esto es, podrían alegarse razones de interés general para impedir la homologación del certificado de acuerdo con la interpretación que ha hecho el TJUE en relación con las libertades y en donde la noción de interés general (excepción a la confianza mutua que preside el funcionamiento del reconocimiento mutuo) es un límite. Véase, ESTEBAN DE LA ROSA, G., «Identidad personal...», *loc. cit.*, pp. 157 y ss.

nombre y apellidos y también con su identidad de género, que han de ser inscritos en el Estado miembro de destino como se ha puesto de relieve, en especial, tras la STJUE en el as. García Avello y la STJUE en el as. Mirin, entre otras (véase *infra*)[199].

Por tanto, por obra de la jurisprudencia del TJUE, el reconocimiento mutuo habría supuesto la simplificación o liberalización de la circulación de todo tipo de documentos, en particular, cuando se trata de certificaciones registrales expedidas por las autoridades del RC de un Estado parte y está en juego la libertad de circulación de personas (véase *infra*)[200]. Esto es, cuando se refieren a hechos inscritos (aunque no sólo en este caso). Así, las prerrogativas que comporta ser nacional de un Estado miembro de la UE se habrían ampliado al ámbito de las relaciones jurídico-privadas.

En este contexto, el reconocimiento mutuo es un expediente que coadyuva para garantizar la libertad de circulación de los nacionales de la UE. Y, consiste, en particular, en la posibilidad de invocar en otro Estado parte las circunstancias de estado civil del nacional de la UE conformadas y configuradas en el Estado parte (o no) de origen, sin que para ello sea necesario establecer un «principio de equivalencia» entre ambas legislaciones —en todo caso[201]—. Sí cabe alegar razones de interés general para

---

199 El mandato de inscripción que constituye el contenido del fallo del TJUE en estas dos ocasiones —en concreto—, tiene una importancia crucial, al tratarse de certificaciones expedidas por un RC extranjero, que han de ser inscritas en otro Estado parte de la UE. Se trata de la eficacia registral del documento o certificación extranjera, que, como se sabe, en principio, se supedita a la «teoría de la equiparación» de efectos, «*en la medida en que la regla general en la materia es el principio de territorialidad para la inscripción, que se fundamenta en la conveniencia de establecer una estrecha conexión territorial entre el hecho y el asiento*» (véase, GUZMÁN ZAPATER, M., «Las certificaciones...», *loc. cit.*, p. 127).

200 Véase, PATAUT, E., «Le renouveau...», *loc. cit.*, p. 89.

201 Cabe observar, en este sentido, que el TJUE no se detiene en el análisis de la citada equivalencia (entendida en un sentido tradicional), sino que —más bien— se centra en que la medida aplicada por la legislación del Estado de destino no sea un obstáculo para la libre circulación de personas (principio de efectividad). Constituyen claramente un obstáculo la necesidad —para el ciudadano— de estar continuadamente obligado a disipar dudas sobre su propia identidad,

impedir el citado reconocimiento, siempre que se basen en consideraciones objetivas y sean proporcionales al objetivo perseguido legítimamente por el Derecho nacional (cdo. 59, as. Mirin).

Además, «*aun suponiendo que dicha normativa nacional persiga un objetivo legítimo, en cualquier caso, sólo podría considerarse justificada, si es conforme con los derechos fundamentales garantizados por la Carta (...) y, en particular, con el derecho al respeto de la vida privada contemplado en el art. 7 de la Carta*» (cdo. 62, as. Mirin).

Por tanto, habría una noción de reconocimiento mutuo operativa en el ámbito de la UE, relacionada de forma específica con la ciudadanía y, en particular, con la libertad de circulación de personas[202]. O, dicho de otro modo, para conseguir una identidad personal transfronteriza (véase *infra*)[203]. Ahora bien, la pregunta que cabe plantearse se centra en cuáles son tales efectos (véase *infra*)[204].

---

así como sobre la autenticidad de los documentos que presente o la veracidad de los datos contenidos en ellos cuando, p.ej., la persona ostenta dos nombres y apellidos distintos en dos Estados de la UE, como sucede en el as. Freitag (cdo. 38), entre otros. También hace referencia el TJUE en el as. Grunkin-Paul, al grave riesgo de tener que disipar las dudas sobre la identidad y desvirtuar las sospechas de falsedad creadas por las divergencias entre el apellido que utiliza el menor desde siempre en la vida cotidiana, de acuerdo con el Derecho danés, y el que tendría para el caso en el que las autoridades alemanas le expidiesen el pasaporte alemán, que se corresponde con su nacionalidad (cdo. 26). Para la distinta utilización que hace el TJUE de la idea de equivalencia en relación con la interpretación del criterio del reconocimiento mutuo en cada una de las libertades económicas véase extensamente, Arroyo Jiménez, L./Utrilla Fernández, D., «El reconocimiento mutuo...», *loc. cit.*, pp. 1 y ss.

202 En particular, cuando se trata de situaciones de estado civil que constan en certificaciones extranjeras expedidas por las autoridades del RC. Véase *infra*.

203 Se trataría de «nuevos derechos de los nacionales de la UE» o también denominados por la doctrina «derechos de última generación», no tanto por las materias que alcanzan sino por su marcada vocación europea (véase, Blázquez Rodríguez, I., *La persona física..., op. cit.,* p. 64). Reflejan, en todo caso, un nuevo enfoque de la idea de ciudadanía en el ELSJ, que ha alcanzado también el ámbito de las relaciones jurídico-privadas.

204 Como se verá *infra*, en principio, un sector doctrinal considera que se trata del efecto legitimador del documento, del que derivan también

No obstante, distinto de éste es el reconocimiento funcional de las relaciones personales y familiares de los ciudadanos a los solos efectos del ejercicio de la libertad de circulación (p.ej., asuntos Coman y Pancharevo), que se analiza *infra*[205]. En todo caso, también forman parte del DIPr de origen europeo estos pronunciamientos, en los que está presente la idea de facilitar o promover la continuidad de las relaciones o situaciones privadas del ámbito del Derecho de la persona y familia, con arreglo al reconocimiento mutuo, operativo en el ámbito de las libertades (véase *infra*).

Por último, cuando no está en juego la libre circulación de personas, podría lograrse el reconocimiento de pleno derecho de las circunstancias de estado civil a través de la interpretación del sistema de DIPr europeo de acuerdo con el principio implícito de reconocimiento (art. 7 del CDF), en el marco del sistema internacional de los dd. hh. para lograr la mayor efectividad del derecho a preservar la identidad personal[206]. En este sentido, se sugiere la

---

efectos sustantivos. Otros autores consideran que el documento no puede desplegar nada más que efectos probatorios, en la medida en que, de acuerdo con la jurisprudencia del TJUE, no cabe entender que, p.ej., la relación de parentesco tenga otro tipo de efectos (constitutivo, registral, etc).

205   Este reconocimiento funcional tiene lugar cuando el TJUE obliga a aceptar los documentos expedidos en otro Estado parte para garantizar el ejercicio de las libertades (asuntos Eftalia Dafeki, Coman, Pancharevo, etc). En concreto, señala la STJUE en el as. Pancharevo (cdo. 57), entre otros, que: «*en efecto, tal obligación no supone que el Estado miembro del que es nacional la menor contemple en su Derecho nacional la parentalidad de personas del mismo sexo ni que reconozca, con fines distintos del ejercicio de los derechos que el Derecho de la Unión confiere a la menor, el vínculo de filiación entre ella y las personas mencionadas como progenitoras en el certificado de nacimiento emitido por las autoridades del Estado miembro de acogida (Sent. Coman, cdos. 45 y 46)*».

206   Se considera que la citada CDF recoge un principio implícito de reconocimiento (art. 7). A su vez, este reconocimiento estaría relacionado con el Derecho primario de la UE, que incluye los derechos fundamentales del ser humano. En particular, R. Baratta considera que ciertas reglas del Derecho originario (Tratado fundacional de la UE) sirven —como salida teórica— para construir un «principio del reconocimiento mutuo de las relaciones legales en el ámbito del Derecho de familia». Este razonamiento no se basa en una perspectiva *stricto sensu* del

construcción de un «*principio implícito de reconocimiento mutuo de estados civiles y lazos familiares*», de modo que se cumpla con el respeto a la vida privada y familiar consagrado en el art. 7 de la CDF[207].

Procede recordar también en esta sede el art. 67, 1.º del TFUE: «*la Unión constituye un espacio de libertad, seguridad y justicia dentro del respeto de los derechos fundamentales y de los distintos sistemas y tradiciones jurídicas de los Estados miembros*». Para autorizada doctrina, se trata de una declaración programática fundamental[208].

También cabe citar el principio de continuidad transnacional, que no sólo se abre camino en el espacio europeo a raíz de los pronunciamientos del TJUE relativos al nombre de las personas físicas, al cambio de apellidos y a la identidad de género, sino que presenta un carácter más amplio, al tener un engarce directo con la mayor efectividad de los dd. hh. y, en concreto, con el derecho al respeto de la vida privada y familiar efectiva (art. 8 del CEDH), que también destaca el TJUE y ha reconocido el TEDH (as. Henry Kismoun c. Francia, entre otros)[209].

---

conflicto de leyes, sino que, más bien, postula que la circulación de personas libre de trabas en el interior de la UE implica que sus relaciones personales y familiares tienen que ser consideradas de acuerdo con un «mecanismo de reconocimiento recíproco». Su objetivo sería prevenir —bajo ciertas condiciones— situaciones claudicantes, esto es, situaciones que son legales en un Estado miembro, pero no se homologan en otro [véase, «Problematic elements...», *loc. cit.*, pp. 4 y ss; *Scioglimento e invalidità del matrimonio nel Diritto internazionale privato*, Giuffrè, Milán, 2004, pp. 213 y ss; «Il regolamento comunitario sull diritto internazionale privato della famiglia» en, PICONE, P. (ed.), *Diritto internazionale privato e Dirito comunitario*, CEDAM, Padova, 2004, pp. 197 y ss].

207   Véase, BARATTA, R., «Derechos fundamentales y Derecho internacional privado de familia», *AEDIPr*, 2016, p. 119, nota 51.

208   Véase, IGLESIAS BUHIGUES, J. L., «Luces y sombras de la cooperación judicial en materia civil en la Unión Europea» en, Forner Delaygua, J./ González Beilfus, C./Viñas Farré, R. (coords.), *Entre Bruselas y La Haya. Estudios sobre la unificación internacional y regional del Derecho internacional privado. Liber Amicorum Alegría Borrás*, Marcial Pons, Barcelona, 2013, p. 537.

209   Sent. del TEDH, de 5 de diciembre de 2013 (rec. n.º 32265/10). Véase, VETTOREL, A., «La continuità transnazionale dell'identità personale:

Por tanto, no se trata ya sólo de favorecer la homologación en el foro de las relaciones creadas al amparo de ordenamientos extranjeros conforme a un criterio general de favor, sino que dicha continuidad se ha erigido como un «principio jurídico», que relaciona directamente el contenido de este sector (reconocimiento de decisiones), sus herramientas y técnicas con la más plena efectividad de los dd. hh., en la línea de la interpretación realizada por el TEDH[210]. Y, de forma particular, con el derecho a la vida en familia (art. 8 del CEDH), aunque no sólo (p.ej., tutela de la identidad personal).

Por tanto, el art. 8 del CEDH juega un significativo papel en relación también con el DIPr europeo, como lo ha puesto de relieve el TEDH (as. Wagner y as. Negrepontis-Giannisis, entre otros)[211]. De acuerdo con su jurisprudencia, el reconocimiento se ha convertido en un vector para la plena realización de los dd. hh. Esta interpretación permitiría la simplificación o liberalización de la circulación de todo tipo de documentos, en particular, cuando se trata de certificaciones registrales extranjeras, pero no

---

riflessioni a margine della sentenza Henry Kismoun», *RDIPP*, 2014-2, pp. 354 y ss.

210   Véase, en particular, MATSCHER, F., «Le Droit international privé face à la Convention européenne des droits de l'homme», *TCFDIP*, 1996-1997, pp. 211 y ss.

211   As. Wagner c. Luxemburgo, Sent del TEDH, de 28 de junio de 2007 (n.º 7624/01), relativo a la negativa a reconocer la adopción constituida en el extranjero en relación con el art. 8 del CEDH. Y as. Negrepontis-Giannisis c. Grecia, Sent. del TEDH, de 3 de mayo de 2011 (rec. n.º 56759/08), relativo también a la negativa al reconocimiento de una adopción constituida en el extranjero y su incompatibilidad con los derechos que recoge el CEDH. Véase, FRANZINA, P., «Some remarks on the relevance of article 8 of the ECHR to the recognition of family status judicially created abroad», *Diritti umani e diritto internazionale*, 2011, n.º 3, vol. 5, pp. 609 y ss; VELÁZQUEZ GARDETA, J.M., «Algunas reflexiones en torno a la sentencia Negrepontis-Giannisis contra Grecia y la jurisprudencia reciente del Tribunal Europeo de Derechos Humanos en materia de reconocimiento de decisiones judiciales extranjeras», *Revista Vasca de Administración Pública*, 2014, pp. 1989 y ss. Véase con carácter general, MARCHADIER, F., *Les objectifs généraux...*, *op. cit.*

sólo a efectos probatorios, sino también para acreditar las circunstancias relativas al estado civil y familiares[212].

Su homologación cuando en ellas consta, p.ej., la filiación resultante de la maternidad subrogada, se relaciona con el derecho a la identidad personal, que comprende un conjunto de aspectos, entre los que se encuentra la filiación tras el nacimiento[213]. En todo caso, cabe alegar el orden público para impedir reconocer el vínculo de parentesco, si este tipo de contratos se han formalizado en circunstancias atentatorias contra la dignidad de la mujer gestante (STS de 6 de febrero de 2014, entre otras)[214].

---

212   En sentido parecido, GARDEÑES SANTIAGO, M., «Les exigences du marché intérieur dans la construction d'un code européen de droit international privé, en particulier, la place de la confiance et de la reconnaissance mutuelle» en, Fallon, M./Lagarde, P./Perrot-PeruzZetto, S. (dirs.), *Quelle architecture pour un code européen de droit international privé?*, Peter Lang Verlag, Bruselas, 2011, pp. 105 y ss.

213   Un sector doctrinal indica que ha de buscarse un cauce para establecer la filiación (reconocimiento) en caso de vinculación biológica con el padre intencional y ello al margen de la existencia de una resolución judicial en origen, al deber asumirse la proyección que tiene la jurisprudencia del TEDH en este tema [véase, JIMÉNEZ BLANCO, P., «La crisis de la gestación por sustitución en Ucrania y el caos en el Ministerio de Justicia (Comentario a las Instrucciones de la DGRN de 14 y 18 de febrero de 2019)», *REEI*, 2019, pp. 24 y ss]. Esta posición no varía necesariamente tras la entrada en vigor de la Instrucción, de 28 de abril de 2025, de la Dirección General de Seguridad Jurídica y Fe Pública, sobre actualización del régimen registral de la filiación de los nacimientos mediante gestación por sustitución (*BOE* n.º 105, de 1 de mayo de 2025).

214   Véase, CERVILLA GARZÓN, M.ª D., «Gestación subrogada y dignidad de la mujer», *Actualidad Jurídica Iberoamericana*, 2018, n.º 9, pp. 10 y ss; ZOUAK LARA, P., «La filiación de menores nacidos por gestación por sustitución: situación actual en España y perspectivas de futuro», *RDC*, 2024, n.º 3, pp. 243 y ss. La reciente STS 1626/2024, de 4 de diciembre, considera incompatible con el orden público la homologación de la filiación resultante de este tipo de contratos, al entender que la protección que ha de dispensarse a esos menores ha de partir de las previsiones de las leyes y convenios aplicables en España y de la jurisprudencia que los interpreta y aplica, tomando en consideración su situación actual, estableciendo la relación de filiación a través de la filiación biológica paterna, la adopción o partiendo de la integración de los menores en el núcleo familiar mediante el acogimiento familiar.

En todo caso, de la jurisprudencia del TEDH puede apreciarse que la interpretación del CEDH permite alcanzar mayores cotas en orden al reconocimiento (y garantía) de los dd. hh. que la propia libertad de circulación de personas como derecho de ciudadanía (sin que deba minusvalorarse la labor que realiza el TJCE)[215]. En tales casos, el correctivo del orden público juega un papel distinto y nuevo, si se interpreta conforme a la jurisprudencia del TEDH en los casos *supra* citados, en los que ha considerado que ha tenido lugar una violación del art. 8 del CEDH (derecho a la vida en familia) y también del art. 6[216].

5. Principales instrumentos adoptados tras la comunitarización

Como se sabe, a resultas de la citada comunitarización de la CJC se aprobaron varias normas típicamente europeas, circunscritas, en un primer momento, al ámbito procesal (con repercusión transfronteriza)[217]. Y, entre ellas,

---

215   Véase, KINSCH, P., «Droits de l'homme, droits fondamentaux et Droit international privé», *RdC*, 2005, vol. 318, pp. 9 y ss; MATSCHER, F., «Le Droit international privé...», *loc. cit.*, pp. 211 y ss.

216   Como señala la doctrina, por muy divergentes que sean las modalidades de realización de los derechos fundamentales entre los Estados de la UE en el momento actual, se avanza hacia la universalidad de los valores, en especial, tras la adopción de la CDF por el TL [véase, SÁNCHEZ LORENZO, S., «Derechos fundamentales y libertades de circulación a la sombra de una Constitución para Europa. Comentario a la Sent. del TJCE (Sala 1.ª) de 14 de octubre de 2004 (as. C-36/02: Omega), *ReDCE*, n.º 5, enero-junio de 2006, p. 391].

217   Tras el TA, se aprobó el Plan de Acción del Consejo y de la Comisión sobre la mejor manera de aplicar las disposiciones del Tratado de Ámsterdam relativas a la creación de un espacio de libertad, seguridad y justicia (1999/C 19/01), que preveía, en el ámbito de la cooperación judicial en materia civil, ente otras, la determinación de las reglas de procedimiento civil con implicaciones transfronterizas cuya aproximación es urgente para facilitar el acceso de los ciudadanos europeos a la justicia (*DOCE*, Serie C, núm. 19, de 23 de enero de 1999). En este texto, además de proyectarse la finalización de la revisión de los Convenios de Bruselas y de Lugano y la adopción de un Reglamento (Roma II) en el ámbito de las obligaciones extracontractuales, se prevé el propósito de, en un plazo de cinco años, examinar las posibilidades de diseñar un instrumento sobre la ley aplicable al divorcio (Roma III), una vez que haya entrado en vigor el Reglamento CEE 1347/2000 (ex

hay que señalar el Reglamento 44/2001 del Consejo, de 22 de diciembre de 2000, relativo a la competencia judicial, el reconocimiento y la ejecución de resoluciones judiciales en materia civil y mercantil[218]. No obstante, el 15 de enero de 2015 fue derogado por el Reglamento 1215/2012 del Parlamento europeo y del Consejo, de 12 de diciembre de 2012[219].

Con esta misma finalidad se adoptó el Reglamento 2201/2003/CE, de 27 de noviembre, relativo a la competencia, el reconocimiento y la ejecución de resoluciones judiciales en materia matrimonial y de responsabilidad parental, que derogó al Reglamento 1347/2000[220]. Ahora

---

Convenio de Bruselas II) y de un instrumento que regule la competencia judicial internacional, la ley aplicable y el reconocimiento y la ejecución de las decisiones relativas a los regímenes matrimoniales y a las sucesiones. Se afirma también el propósito de mejorar y simplificar la cooperación entre tribunales para la práctica de pruebas y de examinar la posibilidad de una aproximación de ciertas áreas del Derecho civil, tales como la creación de un DIPr uniforme para la adquisición de buena fe de bienes muebles. Además, se fijó el Marcador para supervisar el Progreso en la creación de un Espacio de Libertad, Seguridad y Justicia en la UE [Comisión, Bruselas, 24 de marzo de 2000, *COM*(2000) 167 final]. En este contexto ha de situarse el Proyecto de medidas para la aplicación del principio de reconocimiento mutuo de las resoluciones judiciales en materia civil y mercantil (*DOCE* Serie C n.º 12, de 15 de enero de 2001). Véase, GONZÁLEZ BEILFUS, C., «El proyecto de medidas...», *loc. cit.*, pp. 662 y ss. Con posterioridad, se aprobó el Reglamento 743/2002 del Consejo, de 25 de abril de 2002, por el que se establece un marco general comunitario de actividades con el fin de facilitar la cooperación judicial en materia civil (*DOCE*, Serie L, n.º 115, de 1 de mayo de 2002), que preveía, entre sus objetivos, la promoción de la cooperación judicial en materia civil, aspirando a: eliminar los obstáculos derivados de las disparidades en materia de Derecho civil y de los procedimientos civiles [art. 2, letra d)].

218 *DOCE* Serie L n.º 12, de 16 de enero de 2001. Para evitar confusiones a la hora de su aplicación, debe consultarse el texto consolidado elaborado por el sistema CONSLEG. Como se sabe, tiene su origen en el Convenio de Bruselas, de 27 de septiembre de 1968 (Bruselas I).

219 *DOCE* Serie L n.º 351, de 20 de diciembre de 2012. Véase, ARENAS GARCÍA, R., «Del Reglamento Bruselas I al Reglamento Bruselas I *bis*», *REDI*, 2013-2, pp. 377 y ss.

220 *DOCE*, Serie L n.º 338, de 23 de diciembre de 2003. La génesis de este último instrumento hay que remitirla al Convenio de Bruselas, de 28 de mayo de 1998, sobre la competencia, el reconocimiento y la ejecución de resoluciones judiciales en materia matrimonial, denominado Bruselas II, que no llegó a ver la luz (*DOCE* Serie C n.º 221, de 16

bien, pronto se planteó su reforma, al verificarse la conveniencia de introducir cambios, que se recogieron en la Propuesta de Reglamento del Consejo por el que se modifica el Reglamento 2201/2003 por lo que se refiere a la competencia y se introducen normas relativas a la ley aplicable en materia matrimonial[221]. El actual Reglamento 2019/1111, del Consejo, de 25 de junio de 2019, derogó el Reglamento 2201/2003 a partir del 1 de agosto de 2022 (art. 104)[222].

También hay que mencionar el Reglamento 4/2009/ CE del Consejo, de 18 de diciembre de 2008, relativo a la competencia, la ley aplicable, el reconocimiento y la ejecución de las resoluciones y la cooperación en materia de obligaciones de alimentos, cuya entrada en vigor estaba prevista a los veinte días de su publicación, con las excepciones que prevé el art. 76, 2.º y cuya aplicación tuvo lugar a partir del 18 de junio de 2011, si es de aplicación en esa

---

de julio de 1998). Véase, ESPINOSA CALABUIG, E., «La responsabilidad parental y el nuevo Reglamento de Bruselas II *bis:* entre el interés del menor y la cooperación judicial interestatal», *RDIPP*, 2003, pp. 735 y ss; FONT SEGURA, A., «El progresivo avance del Derecho comunitario en materia de familia: un viaje inconcluso de Bruselas II a Bruselas II *bis*», *REDI*, 2004, pp. 273 y ss; SÁNCHEZ JIMÉNEZ, M.ª A., *El divorcio internacional en la Unión Europea (Jurisdicción y Ley aplicable)*, Aranzadi, Pamplona, 2013.

221 *Documentos COM*(2006), 399 final. Bruselas, 17 de julio de 2006. Véase Documento de trabajo de los servicios de la Comisión. Resumen: Evaluación de impacto para la Propuesta del Reglamento del Consejo por el que se modifica el Reglamento (CE) n.º 2201/2003, por lo que se refiere a la competencia y se introducen normas relativas a la ley aplicable en materia matrimonial [*Documentos SEC*(2006) 950, Bruselas, 17 de julio de 2006]. En la citada Propuesta se aprecia la influencia de la Propuesta de normas sobre ley aplicable al divorcio y la separación judicial del GEDIP (puede consultarse en www.gedip-egpil.eu/). Sobre la citada Propuesta véase, CAMPUZANO DÍAZ, B., «La propuesta de reforma del Reglamento 2201/2003 en materia matrimonial» en, Campuzano Díaz, B./ Di Filippo, M. /Rodríguez Benot, A./ Rodríguez Vázquez, M.ª A., *Hacia un Derecho conflictual europeo: realizaciones y perspectivas*, Comisión Europea/ Universidad de Sevilla, 2008, pp. 93 y ss.

222 *DOUE* Serie L n.º 178, de 2 de julio de 2019. Véase, CASTELLANOS RUIZ, E. (dir), *Comentario al nuevo Reglamento (UE) Bruselas II ter relativo a la competencia, el reconocimiento y la ejecución de resoluciones en materia matrimonial y de responsabilidad parental, y sobre la sustracción internacional de menores*, Tirant lo Blanch, Valencia, 2024.

fecha en la Comunidad el Protocolo de La Haya, de 23 de noviembre 2007, sobre la Ley aplicable a las obligaciones de alimentos[223].

Si no se hubiera dado esta circunstancia, el Reglamento hubiera sido de aplicación a partir de la fecha de aplicación del referido Protocolo en la Comunidad. Sin embargo, para evitar un desajuste temporal, la UE ratificó el Protocolo de alimentos el 8 de abril de 2010, quedado excluidos —en un principio— Reino Unido y Dinamarca, en virtud del Protocolo anejo al TCE/TA[224]. Sus disposiciones sustituyen los criterios de competencia y normas de reconocimiento del Reglamento 44/2001 (art. 68, 1.º)[225], así como,

---

223 *DOUE* Serie L, n.º 7, de 10 de enero de 2009. Véase, GUTIÉRREZ BERLINCHES, A., «Tercera Parte. Competencia judicial internacional, reconocimiento y ejecución de resoluciones extranjeras en materia de alimentos» en, A. de la Oliva Santos (dir.), *Derecho procesal civil europeo...*, *op. cit.*, pp. 567 y ss; SALES PALLARÉS, L., «Regulación de la obligación de alimentos en el ámbito comunitario: el Reglamento 4/2009 y su relación con el Convenio y Protocolo de La Haya de 2007» en, F. Aldecoa Luzárraga/J.J. Forner Delaygua (dirs), *La protección de los niños en el Derecho internacional y en las relaciones internacionales*, Marcial Pons, Madrid, 2010, pp. 299 y ss; PARRA RODRÍGUEZ, C., «*Checklist* sobre el cobro internacional de alimentos: una perspectiva española» en, BORRÁS, A./GARRIGA, G. (eds.), *Adaptación de la legislación interna a la normativa de la Unión Europea en materia de cooperación civil*, Homenaje al Prof. Dr. Ramón Viñas Farré, Marcial Pons, Madrid, 2012, pp. 219 y ss.

224 Ahora bien, la situación de estos dos países es distinta. Conforme al Acuerdo de Dinamarca con la Comunidad Europea, relativo a la competencia judicial, el reconocimiento y la ejecución de resoluciones judiciales en materia civil y mercantil, las disposiciones del Reglamento 4/2009 se aplicará a las relaciones entre la Comunidad y Dinamarca con excepción de las disposiciones de los cap. III y VII. Sin embargo, las disposiciones del artí. 2 y el cap. IX del Reglamento 4/2009 son aplicables solo en la medida en que se refieran a la competencia judicial, al reconocimiento, a la eficacia jurídica y la ejecución de sentencias, y al acceso a la justicia (*DOUE* Serie L n.º 149, de 12 de junio de 2009).Para el caso del Reino Unido de Gran Bretaña e Irlanda del Norte, se hizo efectiva su retirada de la UE el 1 de enero de 2021, al haber finalizado el periodo transitorio del Acuerdo el 31 de diciembre de 2020 (DO Serie L, n.º 29, de 31 de enero de 2020).

225 Ahora bien, el Reglamento 44/2001 ha sido derogado por el Reglamento 1215/2012 y, por ello, la referencia del Reglamento 4/2009 es al nuevo Reglamento 1215/2012 (Bruselas I *bis*). El Anexo III del Reglamento 1215/2012, para facilitar su aplicación, recoge una tabla de correspondencias con las disposiciones del derogado Reglamento Bruselas I (*DOCE* Serie L n.º 351, de 20 de diciembre de 2012, pp. 29-32).

en materia de obligaciones de alimentos, al Reglamento 805/2004 sobre el Título Ejecutivo Europeo, excepto en lo referente a los títulos ejecutivos europeos sobre obligaciones de alimentos expedidos en un Estado parte no vinculado por el citado Protocolo de Haya (art. 68, 2.º)[226].

Otro instrumento adoptado con la base del art. 81, 2.º del TFUE, es el Reglamento 650/2012 del Parlamento Europeo y del Consejo, de 4 de julio de 2012, relativo a la competencia, la ley aplicable, el reconocimiento y la ejecución de las resoluciones, a la aceptación y ejecución de los documentos públicos en materia de sucesiones *mortis causa* y a la creación de un certificado sucesorio europeo, que supone un cambio importante en el sistema español de DIPr[227]; y el Reglamento 606/2013, del Parlamento Europeo y del Consejo, de 12 de junio de 2013, relativo al reconocimiento recíproco de las medidas de protección en materia civil[228].

Los últimos instrumentos adoptados han sido el Reglamento 2016/1103 del Consejo, de 24 de junio de 2016, por el que se establece una cooperación reforzada en el ámbito de la competencia, la ley aplicable, el reconocimiento y la ejecución de resoluciones en materia de regí-

---

226 De otro lado, el Reglamento no afecta a la aplicación de la Directiva 2003/8/CE sobre justicia gratuita, a reserva de lo dispuesto en el Cap. V; ni tampoco a la Directiva 95/46/CE sobre protección de datos personales, (art. 68, 3.º y 4.º).

227 Su entrada en vigor tuvo lugar a los veinte días de su publicación en el *DOCE* (Serie L n.º 201, de 27 de junio de 2012), pero se aplica a partir del 17 de agosto de 2015, excepto por lo que respecta a los arts. 77 y 78, a partir del 16 de noviembre de 2014, y los arts. 79, 80 y 81, a partir del 5 de julio de 2012 (art. 84). Véase, KHAIRALLAH, G./ REVILLARD, M. (dirs), *Droit européen des successions internationales (Le Règlement du 4 juillet 2012)*, Defrénois, Paris, 2013; BONOMI, A, «Il regolamento europeo sulle successioni», *RDIPP*, 2013, pp. 293-324; RODRIGUEZ BENOT, A., «La superación de las divergencias en los principios de solución del Derecho conflictual sucesorio» en, B. Campuzano Díaz, M. Di Filippo, A. Rodríguez Benot y M.ª A. Rodríguez Vázquez, *Hacia un Derecho conflictual europeo: realizaciones y perspectivas*, Comisión Europea/ Universidad de Sevilla, 2008, pp. 121-150.

228 *DO* Serie L, n.º 181, de 29 de junio de 2013.

menes económicos matrimoniales[229]; y el Reglamento 2016/1104, de 24 de junio de 2016, por el que se establece una cooperación reforzada en el ámbito de la competencia, la ley aplicable, el reconocimiento y la ejecución de resoluciones en materia de efectos patrimoniales de las uniones registradas[230].

Ahora bien, la referida comunitarización no sólo tuvo lugar en las materias procesales sino también sustantivas, como evidencia la aprobación del Reglamento 593/2008, del Parlamento Europeo y del Consejo, de 17 de junio de 2008, sobre la ley aplicable a las obligaciones contractuales (Roma I)[231] y del Reglamento 864/2007, del Parlamento Europeo y del Consejo, de 11 de julio de 2007, relativo a la ley aplicable a las obligaciones extracontractuales (Roma II)[232]. No obstante, se planteaba la duda acerca de

---

229   *DO* Serie L n.º 183, de 8 de julio de 2016. Véase, RODRIGUEZ BENOT, A./ HORNERO MÉNDEZ, C., *Régimen económico matrimonial: cuestiones de Derecho interno, comparado e internacional*, Aranzadi, Pamplona, 2024.

230   *DO* Serie L n.º 183, de 8 de julio de 2016. Véase, SERRANO DE NICOLÁS, A. (coord.), *Los Reglamentos UE 2016/1103 y 2016/1104 de regímenes económicos matrimoniales y efectos patrimoniales de las uniones registradas*, Colegio de Notarios de Cataluña, Marcial Pons, 2020.

231   *DOCE* Serie L n.º 177, de 4 de julio de 2008. Para su génesis véase, en particular, LANDO, O., «The EC Draft Convention on the Law Applicable to contractual and Non-contractual Obligations (Introduction and contractual obligations», *RabelsZ*, 1974, n.º 38, pp. 6 y ss.

232   *DOCE* Serie L n.º 199, de 31 de julio de 2007. Para su historia legislativa véase, entre otros, BOGDAN, M., «General Aspects of the Future Regulation», Malatesta (dir.), *The Unification of Choice-of-Law Rules on Tort and other non-contractual obligations in Europe*, CEDAM, Padova, 2006, pp. 33 y ss; NOURISAT, C./TREPPOZ, E., «Quelques observations sur l'avant-projet de proposition de règlement du Conseil sur la loi applicable aux obligations non contractuelles Rome II», *JDI*, 2003, pp. 7 y ss. Para la génesis común de ambos instrumentos (Roma I y Roma II), que se sitúa en el Proyecto de convenio de 1972 véase, en particular, FOYER, J., «L'avant-projet de Convention CEE sur la loi applicable aux obligations contractuelles et non-contractuelles», *JDI*, 1976, pp. 555 y ss. Y, para un amplio comentario del Reglamento Roma II véase, entre otros, CORNELOUP, S./JOUBERT, N. (dirs), *Le Règlement communautaire «Rome II» sur la Loi applicable aux obligations non contractuelles*, Actes du colloque du 20 septembre 2007 (Dijon), Litec, Paris, 2008; LEIBLE, S./LEHMAN, M., «Die neue EG-Verordnung über das auf ausservertragliche Schuldverhältnisse anzuwendende Recht (Rom II)», *RIW*, 2007, pp. 721 y ss; MALATESTA, A. (ed.), *The Unification*

si la citada comunitarización permitía a los Estados miembros adoptar normas de conflicto bilaterales que tuviesen carácter universal, habida cuenta de las tradicionales limitaciones territoriales del ámbito de actuación del Derecho de la UE[233].

También cabe citar —con respecto al sector del Derecho aplicable— el Reglamento 1259/2010 del Consejo, de 20 de diciembre de 2010, por el que se establece una cooperación reforzada en el ámbito de la ley aplicable al divorcio y a la separación judicial (Roma III)[234] y el citado Reglamento 650/2012 del Parlamento Europeo y del Consejo, de 4 de julio de 2012, que regula la ley aplicable a la sucesión *mortis causa*[235]. Por último, si bien estos instrumentos tienen el objetivo de crear un espacio de justicia europeo, se trata, más bien, de un espacio judicial, menos ambicioso que el primero[236].

Cabe referirse también al proyectado Reglamento sobre reconocimiento de la paternidad entre los Estados miembros (documento de 17 de diciembre de 2021), elaborado tras una consulta pública llevada a cabo por la Comisión (mayo-agosto de 2021) sobre el reconocimiento de la parentalidad[237]. Y al Proyectado Reglamento sobre el

of Choice of La Rules on Tort and Other Non-Contractual Obligations in Europe, CEDAM, Padova, 2006.

233   Siguiendo a la doctrina, el mercado interior sólo puede funcionar de una forma correcta si las relaciones con terceros Estados están regidas por normas de conflicto universales compatibles entre sí (véase, LEIBLE, S./STAUDINGER, A., «El artículo...», *loc. cit.*, p. 103).

234   *DOCE* Serie L n.º 343, de 29 de diciembre de 2010. Véase, SÁNCHEZ JIMÉNEZ, M.ª A., *El divorcio internacional en la Unión Europea (Jurisdicción y Ley aplicable)*, Aranzadi, Pamplona, 2013.

235   Por último, la unificación del Derecho privado europeo y, en particular, del Derecho contractual, cuenta con otra base jurídica y desarrollo, que no serán tratados de forma específica en esta sede. Sobre este particular, véase, SÁNCHEZ LORENZO, S., *Derecho privado europeo*, Comares, Granada, 2002.

236   Véase, ÁLVAREZ RUBIO, J. J., «El futuro espacio judicial europeo», *La constitucionalización del proceso de integración europea*, Col. Cuadernos de la Escuela Diplomática, n.º 9, Madrid, 2005, pp. 169 y ss.

237   Indica la Comisión que esta iniciativa trata de garantizar que la parentalidad tal y como está establecida en un Estado miembro, sea

reconocimiento transfronterizo de resoluciones de adopción, que recoge la creación de un «certificado europeo de adopción»[238]. Por último, si bien estos instrumentos tienen el objetivo de crear un espacio de justicia europeo, se trata, más bien, de un espacio judicial, menos ambicioso que el primero[239].

reconocida en toda la UE, de modo que los niños mantengan sus derechos en situaciones transfronterizas. Véase, *Initiative on the recognition of parenthood between Member States*, Brussels, october, 2021 [ref. Ares(2021)6847413 - 08/11/2021].

238 Véase Resolución del Parlamento Europeo, de 2 de febrero de 2017, con recomendaciones destinadas a la Comisión sobre los aspectos transfronterizos de las adopciones (*DO* Serie C, n.º 252, de 18 de julio de 2018).

239 Véase, Álvarez Rubio, J. J., «El futuro espacio...», *loc. cit.*, pp. 169 y ss.

CAPÍTULO SEGUNDO

LIBRE CIRCULACIÓN DE PERSONAS Y PROTECCIÓN DEL CIUDADANO EN EL ESPACIO TRANSFRONTERIZO QUE CONSTITUYE LA UNIÓN EUROPEA

1. Transformación de la libertad de circulación de personas

A) Evolución de la concepción de la libertad de circulación

Se ha destacado con anterioridad que el ámbito de la CJC y la política sobre la ciudadanía europea experimentan cierta convergencia tras la adopción del TA y, en concreto, la nueva política sectorial sobre CJC se orienta también hacia la simplificación de la vida del ciudadano en el nuevo ELSJ[240]. Si bien cabría afirmar que la primera

---

240 Véase en este sentido, entre otras, la Comunicación de la Comisión al Consejo y al Parlamento Europeo, «Espacio de Libertad, Seguridad y Justicia: balance del programa de Tampere y futuras orientaciones», de 2 de junio de 2004. En concreto, indica: *«al permitirles reivindicar sus derechos en la Unión, el desarrollo de la cooperación judicial en el ámbito civil seguirá aportando mejoras tangibles en la vida cotidiana de los ciudadanos y de las empresas. Una de las prioridades deberá consistir en continuar y profundizar los trabajos previstos en el programa de reconocimiento mutuo. Los esfuerzos deberán concentrarse en los ámbitos en los que todavía no existen normas comunitarias de reconocimiento mutuo (como, por ejemplo, consecuencias patrimoniales de*

es instrumental para la consecución de una ciudadanía más plena, la entrada en vigor del TA ha supuesto una transformación de la concepción de la libertad de circulación de personas, al no referirse ya de forma exclusiva a los nacionales de un Estado parte, sino también a los de terceros Estados que tengan vinculación con el espacio europeo[241].

Y, en todo caso, el ELSJ «*debe ser un espacio en el que todas las personas, incluidos los nacionales de terceros países, puedan disfrutar del respeto efectivo de los derechos*

---

la separación de parejas, casadas o no, o sucesiones y testamentos). Además, es posible que resulten necesarios nuevos instrumentos de reconocimiento mutuo que no figuraban en el programa inicial. La simplificación del reconocimiento de diversos tipos de documentos será cada vez más importante. En algunos ámbitos como, por ejemplo, el sucesorio, los problemas prácticos de los ciudadanos están a menudo más vinculados a este tipo de cuestiones que al problema tradicional del reconocimiento de las decisiones judiciales. Además, quizás sea conveniente a la larga facilitar el reconocimiento mutuo en otros ámbitos como, por ejemplo, el estatuto civil de las personas, las relaciones familiares o civiles entre personas físicas (asociaciones) o la filiación» (Documentos COM, 401 final, p. 13).

241 Cabe decir que estamos en un nuevo estadio en la evolución de la libertad de circulación de personas, que ya no se refiere sólo a los nacionales de la UE, sino que el TFUE emplea ahora esta expresión con un carácter general, que comprende también a los nacionales de terceros Estados (art. 3, 2.º del TUE). En este sentido, considera la doctrina que, tras el TL, el ELSJ está orientado hacia la consecución de determinados valores y es un espacio en el que también debería quedar garantizada la libertad de circulación de personas en condiciones aceptables de seguridad jurídica y política, entendida aquélla como la abolición total de fronteras en el interior de la UE (*vid.*, GUZMÁN ZAPATER, M., «Las certificaciones...», *loc. cit.*, p. 122). Es muy ilustrativa en este sentido la explicación que ofrece el cdo. 26 de la STJUE, de 29 de noviembre de 2007, en el as. Sundelind López: *«para garantizar que la libre circulación de personas sea lo más amplia posible. Por tanto, el R. 2201/2003 también se aplica a los nacionales de Estados terceros que presenten vínculos suficientemente profundos con el territorio de uno de los Estados miembros»* (as. C-68/07). Véase, entre otros, GARCÍA LÓPEZ, J.A., «Repercusiones de la Sentencia del Tribunal de Justicia europeo en el asunto Sundelind López: ámbito de aplicación espacial de las normas sobre competencia judicial internacional de la Unión Europea en materia de separación y divorcio», *AEDIPr*, 2009, pp. 307 y ss.

fundamentales consagrados en la Carta de los Derechos Fundamentales de la Unión Europea»[242].

Podría decirse —por todo ello— que, en el momento actual tiene lugar un proceso de transformación de dicha libertad en el ELSJ, como espacio público en el que la circulación de personas debería quedar garantizada en condiciones aceptables de seguridad jurídica y política (art. 3, 2.º del TUE)[243]. Esto es, la naciente política europea sobre la CJC se orienta hacia este objetivo, de la más plena realización de la libertad de circulación de personas, que en esta sede no es ya sólo un derecho fundamental de ciudadanía (art. 21 del TFUE), sino un *leitmotiv* (fundamento, premisa, postulado) que preside la nueva construcción europea tras el TA y el posterior TL[244].

En todo caso, tiene pleno sentido abordar la evolución que ha experimentado la libertad de circulación de los ciudadanos europeos en esta sede, en la que no sólo se pergeñan los contornos, el contenido y los objetivos del DIPr europeo, sino, en especial, en qué consiste la nueva idea de circulación (de decisiones y documentos), habida cuenta del trascendental impacto del conocido as. García-Avello (STJUE de 2 de octubre de 2003) y del más

---

242 Véase, Comunicación de la Comisión: «Garantizar el espacio de libertad, seguridad y justicia para los ciudadanos europeos». Plan de acción por el que se aplica el Programa de Estocolmo, *COM* (2010), 171 final, de 20 de abril de 2010, p. 2. En concreto, uno de estos derechos está recogido en el art. 45, 2.º: «*podrá concederse libertad de circulación y de residencia de conformidad con lo dispuesto en los Tratados, a los nacionales de terceros países que residan legalmente en el territorio de un Estado miembro*».

243 El art. 3, 2.º del TUE señala que: «*la Unión ofrecerá a sus ciudadanos un espacio de libertad, seguridad y justicia sin fronteras interiores en el que esté garantizada la libre circulación de personas conjuntamente con medidas adecuada en materia de control de fronteras exteriores, asilo, inmigración y de prevención de lucha contra la delincuencia*».

244 Como señala A. del Valle Gálvez, el TL ha construido una nueva noción de «Espacio público» (ELSJ), en el que la libertad de circulación de las personas debería quedar garantizada «*en condiciones aceptables de seguridad política y jurídica*» (véase, «Espacio de libertad, seguridad y justicia en el Tratado de Lisboa», *El Tratado de Lisboa: la salida de la crisis institucional*, J. Martín y Pérez de Nanclares (coord.), Jornadas de la AEPDIRI, Madrid, 17 y 18 de diciembre de 2007, Iustel, 2008, p. 419).

reciente as. Mirin (STJUE de 4 de octubre de 2024) en relación con esta cuestión (entre otros)[245].

Presenta un innegable interés, por tanto, analizar el alcance del citado derecho de los nacionales de la UE en el actual ELSJ, siendo necesario para ello contar con una breve visión retrospectiva[246]. Y, en este sentido, se realizan a continuación unas reflexiones con la finalidad de verificar su fisonomía actual. Para comenzar, cabe decir que desde la génesis de la CEE (1957), la libertad de circulación y de residencia fue un presupuesto para la consecución de un mercado interior y un derecho subjetivo de los nacionales de la UE (tras la aprobación del TUE en 1992), que se extiende también a los nacionales del EEE y a los miembros de su familia, con independencia de su nacionalidad[247].

---

245 Como es sabido, la ciudadanía de la UE se superpone a la nacionalidad de un Estado miembro y determina la posesión de un concreto *status* en el ordenamiento europeo, conformado por un conjunto de derechos y prerrogativas. En particular, derecho a la circulación y residencia; a ser elector y elegible en las elecciones municipales del Estado comunitario extranjero de residencia; a recibir la protección de las autoridades consulares y diplomáticas de cualquier Estado miembro en el territorio de un tercer Estado; derecho de petición ante el Parlamento Europeo y derecho a dirigirse ante el Defensor del Pueblo europeo (derechos estos dos últimos, que también tienen las personas que ostentan la nacionalidad de un país tercero que tienen residencia habitual en un Estado de la UE). Véase, *inter alia*, BLÁZQUEZ PEINADO; M.ª D., *La ciudadanía de la Unión*, Tirant lo Blanch, Valencia, 1998 y JUÁREZ PÉREZ, P., *Nacionalidad estatal y ciudadanía europea*, Marcial Pons, Madrid, 1998. Para las transformaciones que experimenta la idea de la nacionalidad de un Estado parte en el momento actual véase, BLÁZQUEZ RODRÍGUEZ, I., *La persona física..., op. cit.*

246 Véase *inter al.*, JIMÉNEZ DE PARGA MASEDA, P., *El derecho a la libre circulación de las personas físicas en la Europa comunitaria*, Tecnos, Madrid, 1994.

247 El tratamiento de los nacionales de los Estados parte del EEE se equipara al de los nacionales de la UE, en virtud del Tratado sobre el Espacio Económico Europeo, a través del cual se les hicieron extensivas las libertades comunitarias. El Tratado de Oporto está publicado en el *DOCE*. Serie L n.º 1, de 3 de enero de 1994. El Acuerdo constitutivo de la Asociación Europea de Libre Cambio, fue firmado el 4 de enero de 1960 en Estocolmo y entró en vigor el 3 de marzo del mismo año. Sus miembros originarios fueron: Austria, Dinamarca, Noruega, Portugal, Suecia, Suiza y Liechtenstein (que forma una Unión Aduanera con Suiza- y el Reino Unido). Finlandia llegó a ser miembro asociado

En principio, dicha libertad de circulación y de residencia ha estado supeditada al «ejercicio de la movilidad», pues, en otro caso, se trata de una situación interna que no interesa al Derecho europeo[248]. Ahora bien, el hecho de que se tratase de una situación estrictamente interna no ha impedido al TJUE considerar el «potencial ejercicio de las libertades» para entender que la situación queda comprendida en el ámbito del Derecho europeo[249].

Así ha sucedido, entre otros, en el conocido as. García Avello (STJCE, de 2 de octubre de 2003, as. C-148/02), en el que no se había ejercido la libertad de circulación, al no haberse desplazado los menores del Estado parte de su nacimiento y residencia habitual (Bélgica). Sin embargo, considera el Alto Tribunal que existe dicho vínculo con el Derecho europeo, en relación con las personas que se encuentran en una situación como la de los hijos del Sr. García Avello, que son nacionales de un Estado parte que residen en el territorio de otro (cdo. 27)[250].

---

en 1961 e Islandia se convirtió en miembro en 1970. No obstante, Suiza no firmó el Convenio de Oporto, pero ha suscrito un Acuerdo sobre la libre circulación de personas entre la Comunidad Europea y sus Estados miembros, que entró en vigor el 1 de junio de 2002. Se trata del Acuerdo sobre la libre circulación de personas entre la Comunidad Europea y sus Estados miembros, por una parte, y la Confederación suiza, por otra *(DOCE* Serie L n.º 114, de 30 de abril de 2002). En relación con Reino Unido de Gran Bretaña e Irlanda del Norte, como se sabe, se firmó el Acuerdo sobre su retirada de la UE (Brexit), habiendo finalizado el período transitorio el 31 de diciembre de 2020. Por tanto, dejó de ser parte de la UE el 1 de enero de 2021 *(DO* Serie L, n.º 29, de 31 de enero de 2020).

248   Véase, entre otras, la TJUE (Sala 6.ª), de 16 de enero de 1997, en la que considera que semejante situación (en la que todos los elementos están situados en el interior de un solo Estado miembro) no está comprendida por el Derecho comunitario en el ámbito de la libre circulación de personas y servicios *(Rec.* 1997, pp. I-00195).

249   Véase, QUIÑONES ESCÁMEZ, A., «Derecho comunitario, derechos fundamentales y denegación del cambio de sexo y apellidos: ¿un orden público europeo armonizador? (a propósito de las SSTJCE, asuntos K.B. y García Avello)», *RDCE,* n.º 18, 2004, pp. 512 y ss.

250   Y, de igual forma cabe citar el as. Ruiz Zambrano, pues el TJUE considera que queda amparada por el Derecho europeo una situación puramente interna (Sent. de 8 de marzo de 2011, As. C-34/09) por el hecho de que la medida en sí disuada del ejercicio de la libertad de circulación (véase, ABARCA JUNCO, P. / VARGAS GÓMEZ-URRUTIA, M.,

No obstante, la modificación del TCE por el TA supuso la sustitución (también habría hablar de superposición) de la idea de mercado interior por un ELSJ en el que cualquier contacto de una persona —con independencia de su nacionalidad— con dicho espacio supone aceptar que tal relación interesa al Derecho europeo[251]. Por tanto, ya no puede considerarse que este derecho sólo corresponda a los nacionales de la UE (y del EEE), que se hayan desplazado de un Estado miembro a otro, sino que la creación del ELSJ implica el reconocimiento de la existencia de un territorio (europeo) con el que «entra en contacto» una persona cuando accede al mismo.

En segundo lugar, en aras de la mayor efectividad de la libertad de circulación y residencia, se extiende a los miembros de la familia (con independencia de su nacionalidad) del nacional de la UE, porque dicho derecho no es efectivo si la persona no puede vivir con su familia en otro

---

«El estatuto de ciudadano de la Unión y su posible incidencia en el ámbito de aplicación del Derecho comunitario (STJUE Ruiz Zambrano)», *REEI*, 2012, n.º 23, p. 19).Véase extensamente, ABARCA JUNCO, P. y VARGAS GÓMEZ-URRUTIA, M., «El estatuto de ciudadano..., *loc. cit.*, pp.1 y ss). Para una valoración general de esta cuestión, referida a la extensión espacial del ámbito de aplicación del Derecho europeo y, en concreto, a la eliminación de una consideración estricta del factor de lo transnacional véase, IDOT, L., «Variations sur le domaine spatial du droit communautaire», *Mélanges en l'honneur de Paul Lagarde. Le droit international privé: esprii et méthodes*, Dalloz, Paris, 2005, pp. 431 y ss.

251 El autor de esta construcción es el TJUE, pudiendo apreciarse este planteamiento, en especial, en las Sentencias de 25 de julio de 2002 (As. MRAX, C-459/1999) y de 19 de octubre de 2004 (As. Chen, C-200/02), lo que implica que el Derecho europeo se interesa también por las —antes consideradas— situaciones (estrictamente) internas. O, de dicho de otra forma, a pesar de las limitaciones que presenta la aplicación del Derecho europeo por razones materiales, personales y espaciales en el ámbito de las libertades económicas, la libre circulación de personas como contenido esencial de la ciudadanía, conlleva la aplicación del Derecho europeo —y de la CDF— en muchos supuestos que son realmente internos, salvo por el único hecho de que el individuo ostente la nacionalidad de otro Estado miembro (véase, SÁNCHEZ LORENZO, S., «Derechos fundamentales...», *loc. cit.*, p. 388, nota 6).

Estado parte[252]. Por tanto, la «vida en familia» (art. 8 del CEDH y art. 7 de la CDF) es instrumental para el derecho a la libertad de circulación y de residencia, es decir, se trata de circunstancias que garantizan su máxima efectividad[253].

Además, los miembros de la familia, nacionales de terceros Estados, de una persona de un país de la UE no ejercen ya un derecho derivado, sino que, en determinadas circunstancias, el nacional del tercer Estado goza del derecho de residencia en el territorio del segundo país, a pesar de que su familiar ya no sea trabajador migrante en el Estado miembro de acogida[254]. Así lo afirma también la

---

252 Cabe citar, entre otras, la STJUE de 13 de febrero de 1985 (As. 267/83, Eftalia Diatta c. Land Berlin), en la que el Tribunal señala que el vínculo conyugal no puede considerarse disuelto hasta que lo haya declarado la autoridad competente. Por tanto, el nacional de un tercer Estado, que resida junto a su cónyuge (que ha ejercido la movilidad), tiene derecho a vivir con él, aunque estén separados de hecho o tengan la intención de divorciarse (*Rec.* 1985, pp. 585 y ss.).

253 Como se ha señalado *supra*, el art. 8 del CEDH también juega un significativo papel en el ámbito del reconocimiento de decisiones (en relación con el sistema de DIPr de los Estados parte del convenio y ahora también con respecto al nuevo DIPr de origen europeo), como lo ha puesto de relieve el TEDH en varias ocasiones (as. Wagner y as. Negrepontis-Giannisis, ya citados, entre otros, que comenta la doctrina). Véase, FRANZINA, P., «Some remarks on the relevance of Art. 8 of the ECHR to the recognition of the family status judicially created abroad», *Dir. umani dir. int.*, 2011, vol. 5, pp. 609 y ss. Véase con carácter general, MARCHADIER, F., *Les objectifs généraux..., op. cit.*

254 Véase, entre otras, la STJCE, de 17 de septiembre de 2002 (As. C-413/99), cdo. 75. Cabe recordar —por último— que el legislador español hizo extensiva la normativa sobre entrada, estancia y residencia de los nacionales de los Estados parte de la UE y del EEE y de los miembros de su familia (con independencia de su nacionalidad), a la entrada, estancia y residencia en el territorio español, de los miembros de la familia de los españoles, que no han ejercido la movilidad, para evitar las discriminaciones inversas que podían tener lugar como consecuencia de la aplicación de condiciones más gravosas a los miembros de la familia del español. Tiene lugar una «discriminación inversa» si el nacional de un Estado parte en su propio Estado no goza de los mismos derechos que tienen los nacionales de otros Estados parte en dicho Estado o respecto a los nacionales del citado Estado de acogida que haya ejercido la libertad de circulación (véase, FERRER I GÓMEZ, A., *Libre circulación de nacionales de terceros Estrados y miembros de la familia en la Unión Europea*, Instituto Universitario de Estudios Europeos, Barcelona, 2001, p. 9).

Directiva 2004/38/CE del Parlamento Europeo y del Consejo, de 29 de abril de 2004, que delimita su aplicación personal a «*cualquier ciudadano de la Unión que se traslade a, o resida en, un Estado miembro distinto del Estado del que tenga la nacionalidad, así como a los miembros de su familia, tal como se definen en el punto 2 del art. 2, que le acompañen o residan con él*» (art. 2)[255].

En tercer extremo, la libertad de circulación de personas ha experimentado otro cambio significativo tras la adopción del TA, como puede apreciarse claramente en el Programa de Estocolmo (2010), que propone como objetivo «progresar en la Europa de los ciudadanos» y poner en práctica con rigor la libertad de circulación de personas, al constituir un derecho básico de los ciudadanos[256]. En concreto, se señala que: «la ciudadanía europea debe seguir evolucionando para pasar de ser un concepto consagrado en los Tratados a una realidad tangible que ponga de mani-

---

255 *DOUE* Serie L n.º 158, de 30 de abril de 2004. Esta Directiva ha sido modificada en varias ocasiones, pudiendo consultarse la versión consolidada. Su base jurídica fueron los arts. 12 (prohibición de discriminación por razón de nacionalidad) y 18 (derecho de circulación y residencia) del antiguo TCE y el Título III del citado Tratado (libre circulación de trabajadores, libre prestación de servicios y libertad de establecimiento). Así, la Directiva de 2004 se relaciona con el estatuto de derechos de los ciudadanos, cuya libertad de circulación —entre otros— permite que sean acompañados por los miembros de su familia al territorio de otro Estado parte. Esta directriz se transpuso por el RD 240/2007, de 16 de febrero, sobre entrada, libre circulación y residencia en España de ciudadanos de los Estados miembros de la UE y de otros Estados parte en el Acuerdo sobre el Espacio Económico Europeo *(BOE* n.º 51, de 28 de febrero de 2007), modificado por el RD 987/2015, de 30 de octubre (*BOE* n.º 268, de 9 de noviembre de 2015).

256 En concreto, la Comisión de la UE señala que: «*el impulso principal a la acción de la Unión en este ámbito en los próximos años consistirá en "progresar en la Europa de los ciudadanos", con la garantía de que éstos puedan ejercer sus derechos y disfrutar plenamente de las ventajas de la integración europea. La libertad, la seguridad y la justicia son los ámbitos en los que los ciudadanos más esperan de los responsables políticos, ya que afectan a su vida cotidiana*». Véase, Comunicación de la Comisión: «Garantizar el espacio de libertad, seguridad y justicia para los ciudadanos europeos». Plan de acción por el que se aplica el Programa de Estocolmo, *COM*(2010), 171 final, de 20 de abril de 2010, p. 2.

fiesto en la vida cotidiana de los ciudadanos un valor aña-
dido sobre y por encima de la ciudadanía nacional.

Es necesario que los ciudadanos puedan disfrutar de
los derechos derivados de la integración europea. Facilitar
la movilidad de los ciudadanos es de crucial importancia
para el proyecto europeo. La libre circulación es un derecho básico de los ciudadanos de la UE y los miembros
de sus familias. Es preciso ponerla en práctica con rigor.
La movilidad debe incrementarse eliminando las barreras
a las que se siguen enfrentando los ciudadanos cuando
deciden ejercer su derecho a trasladarse a un Estado
miembro distinto del suyo con la intención de estudiar o
trabajar, crear una empresa, fundar una familia o jubilarse»[257]. En definitiva, como señala la doctrina, «*los ciudadanos son y deben ser el corazón de la integración de la
UE*»[258]. Y, de ahí, la necesidad de elaborar instrumentos en
el ámbito de la CJC (art. 81 del TFUE), que también con-
tribuyen a hacer efectiva la libre circulación de personas.

En cuarto lugar, cabe referirse a las decisiones del
TJUE relativas al nombre de las personas físicas, al cambio de nombre y apellidos, así como a la identidad de
género. Y, en particular, a las celebérrimas decisiones del
TJUE en el As. «García Avello» (Sent. de 2 de octubre de
2003, As. C-148/02) y en el As. Grunkin-Paul y *Standesamt Stadt Niebüll* (Sent. de 14 de octubre de 2008,
As. C353/06), que ponen de relieve que la libertad de circulación de personas no sólo comprende su movilidad
física sino también que dicha persona sea acompañada
de su nombre y apellidos[259]. Y también al más reciente

---

257 *Ibid.* Cabe también citar, en relación con esta idea de facilitar la libre
circulación el conocido Libro Verde sobre «Menos requisitos administrativos para los ciudadanos. Promover la libre circulación de documentos públicos y el reconocimiento de los efectos de los actos de estado
civil», que hace constantes referencias a la libertad de circulación de
personas en el actual espacio de justicia [*Documentos COM*(2010) 747].

258 Véase, ORTIZ VIDAL, «El principio de mutuo reconocimiento...», *loc.
cit.,* p. 191.

259 En particular, en el primero de ellos, el TJUE considera incompatible
con el derecho a la libertad de circulación y residencia la falta de reconocimiento del nombre y los apellidos del nacional de un Estado parte

as. Mirin (STJUE de 4 de octubre de 2024, as. C-4/23) sobre la identidad de género[260].

En estos casos, el TJUE ha empleado el reconocimiento mutuo para conseguir la más plena efectividad de la citada libertad, en particular, cuando dicho derecho se ha puesto en entredicho a consecuencia de la diversidad de legislaciones en el ámbito del nombre de las personas físicas, del cambio de nombre y apellidos y de la identidad de género[261].

También cabe citar en relación con el nombre el As. Ilonka Sayn-Wittgenstein, resuelto por Sent. de 22 de diciembre de 2010 (as. C-208/09)[262]. Si bien el TJCE considera que se justifica por razones de interés general la negativa de la autoridad austriaca de reconocer en Austria

---

(inscritos en el RC) en otro. A resultas del citado asunto, la DGRN elaboró la Instrucción, de 24 de febrero de 2010, sobre reconocimiento de los apellidos inscritos en los Registros civiles de otros países miembros de la UE (*BOE* núm. 60, de 10 de marzo de 2010). Véase, LARA AGUADO, A., «El impulso de la ciudadanía de la Unión Europea al reconocimiento intracomunitario de actos de estado civil (A propósito de la Sentencia del Tribunal de Justicia de 14 de octubre de 2008: Grunkin-Paul y Standesamt Stadt Niebüll)», *Diario La Ley*, n.º 7104, de 30 de enero de 2009.

260 Véase, DURÁN AYAGO, A., «De la identidad de género...», *loc. cit.*, pp. 1260 y ss.

261 Para la progresiva extensión del reconocimiento mutuo como regla operativa al ámbito de la libertad de circulación de personas (esto es, su dimensión humana y social), véase, ORTIZ VIDAL, «El principio de mutuo reconocimiento en el ámbito de la Unión Europea y los límites a la libre circulación, ¿Mecanismo conciliador en tiempos revueltos?», *RDC*, 2015, pp. 177 y ss.

262 Véase, MANSEL, H.-P., «The impact of the European Union's prohibition of discrimination and the right of free movement of persons on the Private international Law rules of member States- with comments on the Sayn-Wittgenstein case before the European Court of Justice» en, *Convergence and Divergence in Private International Law. Liber Amicorum Kurt Siehr*, Eleven Int. Pub. & Schulthess Verlag, Zürich, 2010, pp. 292 y ss; ÁLVAREZ GONZÁLEZ, S., «Nota a la STJUE de 22 de diciembre de 2010, as. C-208/09, Llonka Sayn-Wittgenstein y Landeshauptmann von Wien», *REDI*, 2011, vol. LXIII, pp. 235 y ss; CARO GÁNDARA, R., «Libertades UE, reconocimiento y orden público de los Estados miembros (Reflexiones tras la sentencia del Tribunal de Justicia de 22 de diciembre de 2010, as. C-208/09, Ilonka Sayn-Wittgenstein», *La Ley Unión Europea,* n.º 3, abril de 2013, pp. 8 y ss.

la parte del apellido de una persona, de esta nacionalidad, que constituye un título nobiliario (*Fürstin von*), no supone un cambio con respecto a su jurisprudencia anterior, en la que vincula el reconocimiento del nombre y de los apellidos con el derecho a la libertad de circulación y residencia (art. 21 del TFUE)[263].

En el As. Nabiel Peter Bogendorff von Wolffersdorff (STJUE, de 2 de julio de 2016, as. C-438/14), del mismo modo que en el caso anterior, el Alto Tribunal considera que existen motivos de orden público para denegar el acceso al RC alemán de los apellidos de la hija del Sr. N.P. Bogendorff von Wolffersdorff., con el nombre de Larissa Xenia Gräfin von Wolffersdorff Freiin von Bogendorff, por la existencia de referencias a títulos nobiliarios (en concreto, Gräfin y Freiin), contraria al principio de igualdad de la Constitución alemana (abolición de los privilegios y prohibición de utilizar títulos nobiliarios o crear la apariencia de un origen nobiliario)[264]. Por último, cabe referirse también al as. Freitag (C-541/15), resuelto por STJUE de 8 de junio de 2017, sobre cambio de nombre y apellidos (sobre el que se volverá *infra).*

Cabe llamar la atención sobre el hecho de que los casos García Avello, Sayn-Wittgenstein y Bogendorff von Wolffersdorff consistieron en la presentación de certificaciones expedidas por el RC de un Estado miembro para solicitar su inscripción en otro[265]. Sucede de igual forma en el más reciente as. Mirin[266]. De hecho, en todos estos casos se trata de certificaciones expedidas por el RC de

---

263 En el as. Sayn-Wittgenstein estaba también en juego la libertad de prestación de servicios, porque la interesada había constituido una empresa en Alemania con esta denominación social y se dedicaba a la venta de castillos y mansiones en varios Estados miembros.

264 Véase, LARA AGUADO, A., «Reconocimiento sí, *ma non troppo*: El orden público como límite al reconocimiento de títulos nobiliarios en la Unión Europea», *Millennium Derecho internacional privado*, 2016, pp. 1 y ss *(on line).*

265 *Ibid.* p. 8.

266 Véase, DURÁN AYAGO, A., «De la identidad de género...», *loc. cit.,* pp. 1260 y ss.

un Estado miembro, que fueron presentadas por los interesados para solicitar su inscripción en otro[267].

Esto es, se trata de supuestos de trascripción o traslado de asientos inscritos ya en un Estado parte en otro, que entra —de lleno— en el ámbito del derecho a la libre circulación (art. 21 TFUE), a juicio del TJUE[268]. Por tanto, el criterio del reconocimiento mutuo alcanza también al efecto registral del documento, en concreto, de la certificación registral extranjera (que ya no se supedita —necesariamente— a la «teoría de la equiparación de efectos») (véase *infra*)[269].

Y, en todo caso, esta jurisprudencia permite hablar del derecho del ciudadano a la continuidad del nombre y de su identidad de género en la UE (véase *infra*)[270]. Y, por ello, cabe plantearse la pregunta acerca de si se podría aplicar esta misma interpretación a otros casos[271]. En concreto,

---

267 En el as. Freitag, el interesado presenta ante el RC alemán el nuevo pasaporte expedido en Rumania, en el que constaba el apellido «Pavel», solicitando el cambio de apellido también a efectos legales en Alemania y la oportuna actualización de su inscripción en el RC (cdo. 20).

268 El citado as. Mirin deja definitivamente resuelta esta cuestión, al referirse su interpretación del derecho a la libre circulación al tema de los asientos del RC y, en concreto, al traslado de asientos. Considera que es incompatible con el citado derecho la regulación rumana que regula la transcripción de certificados de estado civil (cdos. 17 y 18).

269 Se entiende el efecto registral como «*una exigencia de la legislación registral del foro (española)*», de forma que no puede considerarse —en puridad de sentido— un efecto de una decisión (véase, GARAU SOBRINO, F.F., *Los efectos de las resoluciones extranjeras en España*, Tecnos, Madrid, 1992, p. 129).

270 Tales asuntos también pueden ser interpretados en el sentido de que quedan comprendidas las relaciones jurídico-privadas en el contenido de la libertad de circulación de personas. O, dicho de otro modo, que «*la libertad de circulación y residencia se conforma como un derecho jurídico complejo, que lleva consigo un cúmulo de derechos que afectan a lo público y a lo privado*» (véase, BLÁZQUEZ RODRÍGUEZ, I., *La persona física..., op. cit.*, p. 31).

271 A juicio de un sector de la doctrina, podría emplearse el método del reconocimiento en este tipo de situaciones. Si bien no todas entran en la categoría de actos de jurisdicción voluntaria, la función de la autoridad consiste, principalmente, en verificar el cumplimiento de determinados requisitos, pero sin que se dicte un fallo conforme a

a las parejas registradas, matrimonios, adopciones, filiación, entre otros, porque lo que está en juego es también la identidad de la persona, a lo que se suma el hecho de que consta en certificaciones o certificados, expedidos por las autoridades de un RC extranjero (véase *infra*)[272].

Se trata, en todo caso, de saber si las circunstancias de estado civil y otras cuestiones relacionadas con el Derecho de familia (parejas registradas, matrimonios, filiación, entre otras cuestiones) podrían estar incluidas en la libertad de circulación de personas. En tal caso, la «libertad de circulación del estado civil» (circunstancias de vida y familiares) quedaría vinculada con la libertad de circulación de personas que, como se sabe, constituye no sólo una libertad principal en el ordenamiento europeo sino, lo que es más importante, un «derecho consustancial a la ciudadanía» (M. Guzmán Zapater) e, incluso, en determinadas circunstancias, de los nacionales de terceros Estados[273].

Los nuevos casos que se han planteado ante el TJUE en tiempos más recientes tienen de original el hecho de que se centran en cuestiones de Derecho privado. Y, por ello, cabe afirmar que el principio del reconocimiento mutuo no sólo ha alcanzado ya las relaciones jurídico-privadas (desde el as. García-Avello), sino que, incluso, ha modificado la tradicional concepción o comprensión de

---

un criterio general de equidad (véase, LAGARDE, P., «Développements futurs...», *loc. cit.*, p. 231).

272 El reconocimiento de los certificados del RC plantea cuestiones específicas, en la medida en que se trata, en definitiva, de que el asiento extranjero conste en el RC del país de destino. La regla general en la materia, como indica la doctrina, es el «principio de territorialidad para la inscripción», «*que se fundamenta en la conveniencia de establecer una estrecha conexión territorial entre el hecho y el asiento*» (...). «*Esto es, cada Estado atribuye o reconoce el estado civil en función de lo que disponga su propia ley*» (véase, GUZMÁN ZAPATER, M., «Las certificaciones...», *loc. cit.*, p. 119 y ss).

273 Se podría estar asistiendo a la transformación del citado derecho en el actual ELSJ. Sin duda, el reconocimiento de pleno Derecho de las circunstancias de estado civil garantiza dicha libertad, porque dota de estabilidad al estado civil y realiza el derecho a preservar la identidad personal. En concreto, se estaría hablando de la circulación del estado civil en la UE (véase, GUZMÁN ZAPATER, M., «La libre circulación...», *loc. cit.*, p. 90).

los efectos de las decisiones o documentos extranjeros (en el foro), en la medida en que el efecto registral ya no se supedita a la teoría de la equiparación, sino que también se vincula, deduce o desprende del reconocimiento mutuo. Así, las prerrogativas que comporta ser nacional de un Estado miembro de la UE (prerrogativas de la ciudadanía) se habrían ampliado al ámbito de las relaciones jurídico-privadas con plenitud de efectos (en el foro) (véase *infra*)[274].

Ahora bien, cabe citar varios pronunciamientos del TJUE en los que está también en juego la libre circulación de personas, pero no conlleva el reconocimiento del estado civil, como señala de forma diáfana, entre otras, la Sent. de 14 de diciembre de 2021 (As. Pancharevo, C-490/20)[275]. Si bien el Estado parte del que el menor es nacional está obligado a reconocer el documento procedente del Estado miembro de acogida que le permita ejercer su derecho a circular y residir en el territorio de los Estados miembros con cada una de las personas que figura como madre del menor, el cdo. 57 aclara los efectos del citado reconocimiento.

Se indica que: «*tal obligación no supone que el Estado miembro del que es nacional la menor contemple en su Derecho nacional la parentalidad de personas del mismo sexo ni que reconozca, con fines distintos del ejercicio de los derechos que el Derecho de la Unión confiere a la*

---

274   Y, por ello, se entiende que éste y otros casos representan un nuevo inicio en el ámbito del DIPr europeo. En concreto, se considera que los as. García-Avello (C-148/02) y Catherine Zhu (C-200/02) suponen este nuevo inicio (véase, BALLARINO, T./UBERTAZZI, B., «On Avello...», *loc. cit.*, p. 127).

275   Véase, CAMPUZANO DÍAZ, B., «Reflexiones sobre el certificado de nacimiento a propósito de los casos Pancharevo y Rzecznik», *CDT*, 2024, pp. 241 y ss; RODRÍGUEZ RODRIGO, J., «Orden público europeo en Derecho de familia», *AEDIPr*, 2021, pp. 305-226; GOÑI URRIZA, N., «El ámbito de aplicación de las libertades europeas que afectan al Derecho de familia y las relaciones entre el orden público de la Unión Europea y el de los Estados miembros», *CDT*, 2021, vol. 13, n.° 2, pp. 233-255; GONZÁLEZ BEILFUSS, C., «Libre circulación de personas y homoparentalidad: comentario a la Sentencia del TJUE (Gran Sala), de 14 de diciembre de 2021, as. 490/20, Pancharevo», *REEI*, junio de 2022, pp. 8 y ss.

menor, el vínculo de filiación entre ella y las personas mencionadas como progenitoras en el certificado de nacimiento emitido por las autoridades del Estado miembro de acogida (Sent. Coman, apdos. 45 y 46)».

Y, en este mismo sentido, el TJUE ha interpretado el derecho a la libre circulación considerando que se opone a que se deniegue el derecho de residencia del cónyuge del mismo sexo de un ciudadano de la UE, a pesar de que dicho matrimonio no está permitido por el Estado de la nueva residencia[276]. En concreto, en el as. C-673/16, Coman, resuelto por Sent. de 5 de junio de 2018, el TJUE señala que: *«la obligación de un Estado miembro de reconocer un matrimonio entre personas del mismo sexo contraído en otro Estado miembro (…) se limita a los solos efectos del ejercicio de los derechos que para esas personas se derivan del Derecho de la Unión»* (marg. 45).

También cabe citar el as. Rzecznik, decidido por el TJUE, por Auto de 24 de junio de 2022 (C-2/21) en este mismo sentido[277]. La idea de reconocimiento se emplea en estos casos para indicar la aceptación de tales documentos, a los efectos del ejercicio del derecho a la libre circulación. Esto es, el Alto Tribunal se pronuncia en estos asuntos sobre el reconocimiento de la relación personal y/o de familia instrumentada en el documento a los efectos de la

---

276 Véase, JIMÉNEZ BLANCO, P., «La movilidad transfronteriza…», *loc. cit.*, pp. 1 y ss.

277 Cdo. 45 del as. Rzecznik: *«la obligación de (…) reconocer el vínculo de filiación entre la menor y cada una de esas dos personas a efectos de que ésta pueda ejercer sus derechos derivados del artículo 21 TFUE y de los actos de Derecho derivado correspondientes no supone que el Estado miembro del que es nacional la menor contemple en su Derecho nacional la parentalidad de personas del mismo sexo ni que reconozca, con fines distintos del ejercicio de los derechos que el Derecho de la Unión confiere a la menor, el vínculo de filiación entre ella y las personas mencionadas como progenitoras en el certificado de nacimiento emitido por las autoridades del Estado miembro de acogida (sentencia de 14 de diciembre de 2021, Stolichna obshtina, rayon "Pancharevo", C490/20, EU:C:2021:1008, apartados 56 y 57 y jurisprudencia citada)»*.

interpretación de la Directiva 2004/38/CE, lo que se denomina un «reconocimiento funcional de la filiación»[278].

Los margs. 48, 49 y 50 de la citada STJUE en el as. Pancharevo son muy claros en relación con esta cuestión. En particular, indica:

«48.- Ha quedado acreditado que, en el asunto principal, las autoridades españolas determinaron legalmente la existencia de un vínculo de filiación, biológico o jurídico, entre S. D. K. A. y sus dos progenitoras, V. M. A. y K. D. K., y así lo hicieron constar en el certificado de nacimiento expedido a su hija. En consecuencia, con arreglo al artículo 21 TFUE y a la Directiva 2004/38, todos los Estados miembros deben reconocer a V. M. A. y K. D. K., como progenitoras de una ciudadana de la Unión menor de edad bajo su guarda y custodia efectiva, el derecho a acompañar a la menor en el ejercicio de ese derecho (véase, por analogía, la sentencia de 13 de septiembre de 2016, Rendón Marín, C-165/14, EU:C:2016:675, apartados 50 a 52 y jurisprudencia citada).

49.- Por lo tanto, puesto que, según el órgano jurisdiccional remitente, S. D. K. A. ha obtenido la nacionalidad búlgara, las autoridades búlgaras, al igual que las autoridades de cualquier otro Estado miembro, están obligadas a reconocer ese vínculo de filiación para permitirle ejercer sin obstáculos, con cada una de sus dos progenitoras, su derecho a circular y residir libremente en el territorio de los Estados miembros, garantizado en el artículo 21 TFUE, apartado 1.

50.- Además, para permitir efectivamente a S. D. K. A. ejercer su derecho a circular y residir libremente en el territorio de los Estados miembros con cada una de sus dos progenitoras, es necesario que V. M. A. y K. D. K. puedan disponer de

---

278   Véase, MEEUSEN, J., «Functional recognition of same-sex parenthood for the benefits of mobile Union citizens- Brief comments on the CJEU's Pancharevo judgement», https://gedip-egpil.eu/ (consultado el 6 de julio de 2022).

un documento que las mencione como personas habilitadas para viajar con la menor. En el caso de autos, las autoridades del Estado miembro de acogida son las mejor situadas para expedir ese documento, que puede ser el certificado de nacimiento. Los demás Estados miembros tienen la obligación de reconocer dicho documento».

Como conclusión, cabe decir que estos pronunciamientos del TJUE no son óbice para considerar que la libertad de circulación de personas consiste, en el momento actual, en la posibilidad de que los nacionales de la UE invoquen sus circunstancias personales y familiares en otros Estados parte, como se verá *infra*. Lo único que sí puede variar es el concreto efecto que tales decisiones o documentos desplieguen en el Estado parte ante el que se presentan. Por tanto, estas decisiones del TJUE permiten constatar también una evolución de la concepción de la libertad de circulación de personas hacia el reconocimiento de nuevos derechos de ciudadanía (en un contexto transfronterizo): derecho a la continuidad del nombre, derecho a la identidad personal transfronteriza, entre otros, como se verá *infra* (al abordar el tema de los efectos).

En concreto, los nacionales de la UE —por mor del derecho a la libre circulación— pueden invocar sus circunstancias personales y familiares en otro Estado parte (reconocimiento mutuo) hasta que no existan normas europeas que concreten dicha cuestión, como señala con acierto la doctrina (A. Bonomi)[279], salvo que puedan alegarse razones de orden público o interés general (véase *infra*)[280].

---

279 Entre la legislación proyectada cabe citar el ya mencionado Reglamento del Consejo sobre competencia, ley aplicable, reconocimiento de decisiones y aceptación de documentos auténticos en el ámbito de la filiación y sobre la creación de un Certificado Europeo de Filiación (*Documentos COM*(2022), 695 final, de 7 de diciembre de 2022). Véase, GONZÁLEZ BEILFUS, C., «La Propuesta de Reglamento europeo de filiación: principales retos», *AEDIPr*, 2023, pp. 151 y ss.

280 En concreto, en el as. Coman, resuelto por el TJUE por Sent. de 5 de junio de 2018 (C-673/16), recuerda el Alto Tribunal que *«el concepto de orden público como justificación de una excepción a una libertad fundamental debe interpretarse en sentido estricto, de manera que cada*

B) La libertad de circulación de personas ha de ser garantizada

Como se ha señalado *supra*, la propia idea de libre circulación de personas podría estar alcanzando una nueva dimensión, en la medida en que, en el ELSJ, como nuevo espacio público europeo, debería quedar «garantizada». Cabe interpretar que la nueva ubicación de la libertad de circulación de personas en el art. 3, 2.º del TUE, permite pensar que la ha reforzado aún más, porque no sólo está reconocida, sino que ha de ser garantizada en el marco de la creación de un ELSJ.

Como se ha señalado *supra*, el significado que presenta la idea de crear un nuevo ELSJ consiste en lograr una mayor integración que conlleva, en particular, la más plena realización o efectividad de los dd. hh., de un lado y, de otro, la garantía de la libertad de circulación en condiciones aceptables de seguridad jurídica (y política), a cuyo logro coadyuva el reconocimiento mutuo o «reconocimiento de pleno derecho» en el ámbito del estado civil (a juicio de la Comisión)[281].

En esta lógica, la expresión «reconocimiento de pleno Derecho» indica un propósito, que se proyecta alcanzar a través del reconocimiento mutuo (confianza mutua) en relación con las competencias asumidas tras la entrada en vigor del TA y el posterior TL (art. 81 del TFUE).

Estado miembro no pueda determinar unilateralmente su alcance, sin control por parte de las instituciones de la Unión» (cdo. 44). Solo puede invocarse cuando exista una amenaza real y suficientemente grave que afecte a un interés fundamental de la sociedad. Lo que no sucede en el presente caso, porque el reconocimiento del matrimonio entre personas del mismo sexo se hace únicamente al objeto de conceder un derecho de residencia derivado a un nacional de un tercer Estado (cdo. 45).

281 Véase, Libro Verde: «*Menos requisitos administrativos...*», *loc. cit.*, punto 4.3. En concreto, señala la Comisión que *«ese reconocimiento (de pleno derecho) presenta la ventaja de ofrecer la seguridad jurídica que el ciudadano puede esperar al ejercer su derecho a la libertad de circulación».*

Dicho reconocimiento es un objetivo mencionado por la Comisión y por el Parlamento Europeo a raíz de la puesta en marcha del Programa de Estocolmo, pero que aún no ha recibido el impulso político, como demuestra la falta de elaboración de la proyectada «Propuesta legislativa sobre el reconocimiento mutuo a los efectos de determinados documentos del registro civil (nacimiento, filiación, adopción, apellidos)»[282].

En otro lugar, he sostenido que el reconocimiento mutuo puede ser empleado como una técnica para que sea viable dicha libertad de circulación en condiciones aceptables de seguridad política y jurídica[283]. Por tanto, sería una garantía de la libertad de circulación de personas. Y, en todo caso, la libertad de circulación de las situaciones de estado civil de las personas deriva de la interpretación que hace el TJUE de la libertad de circulación de personas en el marco de la progresiva configuración del ELSJ, tras la entrada en vigor del TA[284].

Por tanto, la posibilidad de considerar la existencia de una libertad de circulación de las circunstancias del estado civil se relacionaría —más bien— con los derechos del ciudadano de la UE y, consiste, en concreto, en la posibilidad de invocar sus circunstancias personales o

---

282 Dicha propuesta tendría que haberse planteado en 2013, con arreglo a lo señalado por la Comunicación: «*Garantizar el espacio de libertad, seguridad y justicia para los ciudadanos europeos. Plan de acción por el que se aplica el programa de Estocolmo*», de 20 de abril de 2010 (*Documentos COM*, 1010/171 final, p. 26). Para las razones por las que no se llevó adelante esta iniciativa véase, LEHMAN, M., «El reconocimiento, ¿una alternativa al Derecho internacional privado?», *CDT*, octubre de 2016, vol. 8, n.º 2, pp. 240 y ss.

283 Sin duda, el reconocimiento de pleno Derecho de las circunstancias de estado civil incide en la estabilidad del estado civil (principio de inmutabilidad) y coadyuva a la mayor realización del derecho a preservar la identidad personal. Véase, ESTEBAN DE LA ROSA, G., «Identidad personal...», *loc. cit.*, pp. 157-179.

284 Dicha libertad requiere la movilidad de las situaciones privadas, al considerar que no es efectiva si la persona no puede ser identificada (sus circunstancias personales y familiares) en el Estado europeo al que se desplaza. Véase, BUCHER, A., «La migration de l'état civil», *A commitment to Private International Law: Essays in honour of Hans van Loon*, Intersentia, Cambridge, 2013, p. 102.

familiares en el Estado parte al que se desplaza (como se verá *infra*). Y todo ello, sin que sea necesario un procedimiento ni condiciones, porque el reconocimiento mutuo ha de ponerse al servicio de la libertad de circulación, para garantizar el citado derecho en el marco de la plena realización de los dd. hh.

Por tanto, el reconocimiento de pleno Derecho de las circunstancias de estado civil podría estar teniendo lugar por la acción del TJUE en interpretación de las libertades, en particular, de la libertad de circulación de personas, que está alterando los tradicionales mecanismos con los que operan los sistemas de DIPr de los Estados parte[285]. Sin perder de vista la importancia que han adquirido los dd. hh. en dicha zona europea (en un contexto transfronterizo)[286].

Dicho reconocimiento está relacionado —a su vez— con el Derecho primario de la UE, que incluye los derechos fundamentales del ser humano[287]. Y, en concreto, se relaciona con el derecho al respeto de la vida privada y familiar (art. 8 del CEDH y art. 7 de la CDF), que también destaca el TJUE en los asuntos *supra* citados (as. Coman, entre otros), en un contexto transnacional (derecho a la continuidad del nombre), que ha reconocido el TEDH (as. Henry Kismoun c. Francia, entre otros)[288].

---

285 M. Guzmán Zapater señala que: «*el desarrollo de la libertad de circulación de las personas habrá modificado sustancialmente los mecanismos tradicionales de DIPr para las relaciones privadas intraeuropeas, al instaurar la sede de control de las decisiones sobre las que se proyecte, en el país de origen de la decisión*» (véase, «Cooperación judicial civil...», *loc. cit.*, p. 13).

286 Como señala la doctrina, es una cuestión que se encuentra a caballo entre la regulación dada por el Derecho internacional de los derechos humanos, el DIPr y el ordenamiento de la UE (véase, Rosolillo, G., «Personal Identity at a Crossroad between Private International Law, International Protection of Human Rights and European Law», *YPIL*, 2009, Vol. 11, pp. 143 y ss).

287 Véase, Baratta, R., «Problematic elements...», *loc. cit.*, pp. 4 y ss; *id.*, *Scioglimento e invalidità...*, *op. cit.*, pp. 213 y ss; *id.*, «Il regolamento...», *loc. cit.*, pp. 197 y ss.

288 Sentencia del TEDH, de 5 de diciembre de 2013 (rec. n.º 32265/10). La controversia se cifró en la negativa de la autoridad francesa a rec-

Hay datos personales que intervienen en la descripción de la propia identidad: un nombre, una fecha de nacimiento y toda una serie de datos que comunican información sobre la propia individualidad, debiendo también considerar el factor biológico. Por todo ello, los atributos de la citada identidad personal que se encuentren directamente relacionados con la identidad primaria (de toda persona por el sólo hecho de serlo) forman parte del derecho (fundamental) al libre desarrollo de la personalidad y, por tanto, su reconocimiento en el foro ha de tener lugar necesariamente, pero no sólo a efectos de prueba (relacionado —de otro lado— con el derecho a la vida en familia, como ha puesto de relieve el TEDH y el TJUE en reiteradas ocasiones)[289].

Por tanto, cabe decir que, relacionada con la idea de garantía, está la posibilidad de que el nacional de la UE

---

tificar el nombre del menor, nacido en Francia de madre francesa, posteriormente abandonado y reconocido por su padre, de nacionalidad argelina. El menor había sido registrado en Argelia con el nombre Chérif Kismoun, tras el abandono por la madre y el reconocimiento de la paternidad por el padre. En cambio, en Francia constaba con el nombre de Christian Henry y las autoridades francesas consideraban que debía figurar como Christian Chérif Henry Kismoun, agregando el nombre y apellidos con los que constaba en Argelia, al no haberse podido demostrar el abandono de la madre. Para esta consideración véase, entre otros, VETTOREL, A., «La continuità...», *loc. cit.*, pp. 354-355 y FRANZINA, P., «Some remarks...», *loc. cit.* pp. 609 y ss.

289 El TJUE ha señalado, en este sentido, que los derechos que garantiza el art. 7 de la CDF tienen el mismo sentido y alcance que los que garantiza el art. 8 del CEDH (vida privada y familiar), disposición esta última que constituye un «umbral mínimo de protección» (as. Mirin, cdo. 63). Y, en concreto, el citado art. 8 del CEDH *«engloba el derecho de cada uno a determinar los detalles de su identidad como ser humano, lo que incluye el derecho de las personas transexuales al desarrollo personal y a la integridad física y moral, así como al respeto y al reconocimiento de su identidad sexual»*, con arreglo a la jurisprudencia del TEDH (as. Mirin, cdo. 64). Pueden verse, en particular, las SsTEDH, de 22 de febrero de 1994, as. Burghartz c. Suiza (n.°16213/90); de 25 de noviembre de 1994, as. Stjerna c. Finlandia (n.° 18131/91); y de 9 de noviembre de 2010, as. Losonci Rose y Rose c. Suiza (n.° 664/06). Véase, VARGAS GÓMEZ-URRUTIA, M., «Cuando los apellidos traspasan la frontera. Reflejos de la desigualdad en el nombre de la persona física en el asunto "Losonci-Rose c. Suiza" y en la Jurisprudencia del TJUE», *RGDE*, 2012, pp. 1 y ss; DURÁN AYAGO, A., *Derechos humanos..., op. cit.*, pp. 35 y ss.

invoque sus circunstancias personales y familiares en otro Estado parte, en orden al reconocimiento de un umbral mínimo de derechos (umbral mínimo de protección), que corresponden a toda persona, nacional de la UE, cuando se desplaza a otro Estado parte (como se verá *infra*).

Y, en concreto, esta idea se vincula con la creación del ELSJ, en el que se trata de lograr la mayor integración que conlleva, en particular, la más plena realización o efectividad de los dd. hh., de un lado y, de otro, la garantía de la libertad de circulación en condiciones aceptables de seguridad jurídica (y política). Y, en el marco de este objetivo cobra un renovado protagonismo el reconocimiento mutuo (art. 67, 4.º del TFUE). Y, en todo caso, existe dicha movilidad del estado civil en el ELSJ (estado civil internacionalizado) a través de la interpretación del sistema europeo de DIPr con arreglo al principio implícito de reconocimiento (art. 7 de la CDF) y al principio de continuidad transnacional, como se ha señalado *supra*.

2. Nuevos derechos de ciudadanía: protección de los nacionales de la UE y consecuencias en sus relaciones transfronterizas (ciudadanos móviles)

A) Posibilidad de invocar las circunstancias personales y familiares en otro Estado parte. En particular, el efecto registral de los certificados extranjeros del registro civil

Como se ha señalado *supra,* uno de los actuales objetivos de la UE consiste en reforzar la idea de protección de los nacionales de la UE, en especial, en sus relaciones transfronterizas en el interior del ELSJ[290]. Entre otras, la

---

290 Véase, Comunicación de la Comisión: «Garantizar el espacio de libertad, seguridad y justicia para los ciudadanos europeos». Plan de acción por el que se aplica el Programa de Estocolmo, *COM*(2010), 171 final, de 20 de abril de 2010, p. 2.

STJUE en el conocido As. García-Avello expresa esta idea de forma clara: «*la vocación del estatuto de ciudadano de la Unión es convertirse en el estatuto fundamental de los nacionales de los Estados miembros*» (cdo. 22).

En concreto, tras el Programa de Estocolmo (2010) cobra un nuevo impulso la ciudadanía[291]. Por su parte, ya el Programa de La Haya (2004) se refiere a la necesidad de «*mejora del ejercicio de los derechos de ciudadanía a los ciudadanos de la UE*»[292]. Entre ellos se encuentra, sin duda, la libre circulación de personas (art. 3, 2.º del TUE). De hecho, en este espacio representa una «*aspiración de los ciudadanos a la máxima libertad de movimiento y de acción*»[293].

Por tanto, se trata de una zona de libertad, seguridad y justicia orientada hacia la resolución de las cuestiones que se le suscitan al ciudadano en su vida diaria en sus relaciones o situaciones transfronterizas[294]. En concreto, la Comisión también enfatiza el hecho de que se siente la necesidad de una ciudadanía más efectiva en la práctica, «*dadas las dificultades a las que se enfrentan los ciudadanos en su*

---

291   De hecho, el Plan de Acción por el que se aplica el Programa de Estocolmo se denomina «Garantizar el espacio de libertad, seguridad y justicia para los ciudadanos europeos» (*COM*/2010/171 final). También la previa Comunicación de la Comisión, de 10 de junio de 2009, que condujo a la adopción del Programa de Estocolmo, se denomina: «Un espacio de libertad, seguridad y justicia al servicio del ciudadano» (*COM*/2009/262 final). Sobre este particular, véase, PI LLORENS, M./ZAPATER DUQUE, E. (coords.), *¿Hacia una Europa de las personas en el Espacio de Libertad, Seguridad y Justicia?*, Marcial Pons, Madrid, 2010.

292   Véase, Comunicación de la Comisión al Consejo y al Parlamento Europeo, de 10 de mayo de 2005. «Programa de La Haya. Diez prioridades para los próximos cinco años. Una asociación para la renovación europea en el ámbito de la libertad, la seguridad y la justicia», *Documentos COM* (2005) 184 final, p. 8.

293   Véase, Comunicación de la Comisión, de 2 de junio de 2004, «Espacio de Libertad, Seguridad y Justicia. Balance del Programa de Tampere y futuras orientaciones», *Documentos COM* (2004) 401 final, p. 16.

294   Se trata, en particular, de agilizar y mejorar su vida transfronteriza (ciudadanos móviles). Véase, *Informe de la Comisión sobre la ciudadanía de la UE de 2020*. «La capacitación de los ciudadanos y la protección de sus derechos», de 15 de diciembre de 2020 (*COM*/2020/730 final, p. 13).

vida cotidiana, especialmente en situaciones transfronteri-zas»[295]. Por todo ello, cabe decir que, en este contexto, la libertad de circulación de personas tiene un protagonismo renovado, de un lado[296]. Y, de otro, la estrecha relación que mantiene la proyectada política europea sobre CJC con la concepción y evolución de la ciudadanía[297].

En concreto, se ha interpretado que esta óptica u objetivo, la protección de los ciudadanos en el espacio transfronterizo que constituye la UE, es el que se encuentra en la base de la interpretación que realiza el TIUE en el conocido as. García-Avello (C-148/02), porque, en definitiva, consiste en aceptar o admitir la idea de que el nacional de la UE tiene un conjunto de derechos (como persona) con los que se desplaza cuando cruza las fronteras nacionales

---

295   Véase, Comisión: «*Informe sobre la ciudadanía de la Unión Europea de 2010. La eliminación de los obstáculos a los derechos de los ciudadanos de la Unión Europea*», Bruselas, 27 de octubre de 2010, *Documentos COM* (2010) 603, final, p. 3. El Informe del Parlamento Europeo sobre «*Los problemas y perspectivas de la ciudadanía europea*», de 20 de marzo de 2009, presenta de forma detallada los obstáculos que siguen existiendo al ejercicio transfronterizo de los derechos (*ibid.*, p. 3).

296   La doctrina se refiere a una refundación jurídica, institucional y política de los ámbitos afectados por la libre circulación de personas, que han sido atraídos, subsumidos y racionalmente estructurados por el Derecho de la UE [véase, DEL VALLE GÁLVEZ, J.A., «Cap. 4. La libre circulación de personas en el espacio de libertad, seguridad y justicia (I)» en, López Escudero, M./Martín y Pérez de Nanclares, J. (dirs), *Derecho comunitario material*, MacGraw Hill, 2000, Madrid, p. 44].

297   Podría decirse que uno de los actuales objetivos de la UE presenta carácter transversal y, en concreto, consiste en reforzar la idea de protección de los nacionales de la UE, en especial, de sus relaciones transfronterizas, a través de las nuevas medidas en el ámbito de la CJC (art. 81 del TFUE). Véase, Informe de la Comisión sobre la ciudadanía de la UE de 2020 La capacitación de los ciudadanos y la protección de sus derechos, de 15 de diciembre de 2020 (COM/2020/730 final). En concreto, el informe hace balance del progreso realizado en el ámbito de la ciudadanía de la UE y propone prioridades y acciones nuevas que aporten beneficios reales a la ciudadanía, entre las que se encuentran: -facilitar el ejercicio de la libre circulación y simplificar la vida diaria (en concreto, una mayor seguridad jurídica a la hora de ejercer los derechos de libre circulación); y – proteger y promover la ciudadanía de la UE (p. 3). En particular, se emplea la idea de «ciudadanos móviles de la UE».

de determinado Estado[298]. Ahora bien, los enfoques sobre el As. García-Avello son diversos[299].

En todo caso, con independencia de la clave que se emplee para interpretar éste y otros asuntos, queda claro que la identidad personal transfronteriza se relaciona con los derechos del ciudadano[300], porque la libertad de circulación no es efectiva si la persona no puede ser identificada en el Estado al que se desplaza, pero no sólo a efectos probatorios, sino para atribuir a dicha relación los efectos que tiene conforme al ordenamiento que la ha configurado[301].

No obstante, la cuestión se centra en determinar a qué efectos pueden ser invocadas las relaciones personales y familiares (que usualmente constan en documentos públi-

---

298 En particular, se considera que se trata de etapas en la evolución de la interpretación por el TJUE de la noción de ciudadanía y, en concreto, de las prerrogativas y derechos que conlleva, desde el ámbito estrictamente económico (Dafeki, Konstantinidis), en una primera etapa, a una segunda extensión de mucha mayor envergadura al estado civil, materia ajena por completo a cualquier aspecto económico (as. García-Avello) (véase, PATAUT, E., «Le renouveau…», *loc. cit*., p. 90).

299 En concreto, se considera que la respuesta dada por el Alto Tribunal en el as. García-Avello realiza más un razonamiento de disfrute de derechos (de los nacionales de la UE) que propio del conflicto de leyes (véase, PATAUT, E., «Le renouveau…», *loc. cit*.., p. 91). Otro sector aprecia la aplicación del reconocimiento mutuo (véase, LAGARDE, P., «Comentario», *RCDIP*, 2004, pp. 184 y ss). Y, para otros autores, la sentencia constituye un claro exponente de la repercusión que ha tenido la noción de ciudadanía en orden a un cambio de lógica de la acción del Derecho europeo, que va desde la idea de libre circulación a un nuevo concepto: la protección de los nacionales de la UE, en el que basta con la existencia de un vínculo con el Derecho europeo (como sucedía en este caso por razón de la doble nacionalidad de los menores) para que el asunto quede comprendido en su ámbito de aplicación, sin necesidad de que tenga lugar un desplazamiento (véase, BALLARINO, T./UBERTAZZI, B., «On Avello…», *loc. cit.*, pp. 85 y ss.; esp. p. 112). Véase también, STRAETMANS, G., «Non economic free movement of EU citizens and family law matters» en, J. Meeusen *et al.*, *International Family law for the EU*, Intersentia, 2007, p. 183.

300 Véase, Comisión: «Informe sobre la ciudadanía de la UE 2010. La eliminación de los obstáculos a los derechos de los ciudadanos de la Unión Europea, de 27 de octubre de 2010» (*Documentos COM*/2010/603).

301 Véase, GARDEÑES SANTIAGO, M., «El método de reconocimiento desde la perspectiva del Derecho internacional privado español», *AEDIPr.*, 2017, p. 400.

cos) en otro Estado parte como prerrogativa o derecho del nacional de la UE a la libre circulación. La doctrina señala que se trata del efecto legitimador (ante las AA. PP., para el acceso a prestaciones sociales o el ejercicio de acciones judiciales) derivado del documento público otorgado por una autoridad de otro Estado miembro, que acredita una circunstancia habilitante, generalmente, sobre el estado civil, para obtener una prestación o un derecho[302].

Esto es, cada vez que esté en juego esta libertad, las formalidades administrativas o judiciales existentes en los Estados parte no podrán impedir que una persona ostente en otro Estado parte el *status* personal o familiar que tiene en el primero (salvo cuando concurran razones de interés general u orden público)[303]. Así, la persona (ciudadano de la UE) no puede verse privada de la posibilidad de invocar y, en su caso, hacer valer tales circunstancias (p.ej., identidad de género, matrimonio, pareja registrada, divorcio, nombre, etc.) ante la autoridad del Estado miembro de acogida (p.ej., a los efectos de la Seguridad social).

En concreto, señaló ya el TJUE en el conocido as. As. Eftalia Dafeki (C-336/94), que ha de aceptarse por el Estado miembro de destino el estatus (judicial o administrativo) certificado por la autoridad del Estado de origen[304]. El Alto

---

302 Véase, JIMÉNEZ BLANCO, P., «Movilidad transfronteriza...», *loc. cit.*, p. 29.

303 Cabe citar el citado as. Pancharevo (C 490/20). En concreto, el cdo. 55: *«Por lo demás, el Tribunal de Justicia ha recordado reiteradamente que el concepto de "orden público" como justificación de una excepción a una libertad fundamental debe interpretarse en sentido estricto, de manera que cada Estado miembro no pueda determinar unilateralmente su alcance sin control por parte de las instituciones de la Unión. Por tanto, el orden público solo puede invocarse en caso de que exista una amenaza real y suficientemente grave que afecte a un interés fundamental de la sociedad (sentencia de 5 de junio de 2018, Coman y otros, C-673/16, EU:C:2018:385, apartado 44 y jurisprudencia citada)».*

304 As. C-336/94; Eftalia Dafeki (STJCE, de 2 de diciembre de 1997). En concreto: *«las instituciones nacionales competentes en materia de Seguridad social y los órganos jurisdiccionales nacionales de un Estado miembro están obligados a respetar las certificaciones y documentos análogos relativos al estado civil de las personas que emanen de las autoridades competentes de los demás Estados miembros, a menos que existan indicios concretos, referidos al caso de que se trate, que hagan dudar seriamente de su exactitud»* (cdo. 21). Nótese que se emplea

Tribunal considera en este asunto, que el principio del reconocimiento mutuo se extiende a los documentos de estado civil de los otros Estados parte, que se benefician de una presunción de regularidad, al menos, cuando de ellos depende el acceso a una prestación de la Seguridad social. Y ello, porque: «*no es posible ejercer los derechos derivados de la libre circulación de los trabajadores sin presentar documentos relativos al estado civil de las personas, que generalmente son expedidos por el Estado de origen del trabajador*» (cdo. 19)[305].

La cuestión prejudicial se planteó en el marco de la libertad de circulación de trabajadores (*ex* art. 48 del TCEE) por el *Sozialgerich* de Hamburgo. En concreto, la Sra. Dafeki, de nacionalidad griega, había solicitado la jubilación anticipada prevista para las mujeres mayores de 60 años por la normativa alemana. Sin embargo, su fecha de nacimiento había sido rectificada y, conforme a lo que disponía el art. 66 de la Ley alemana, los documentos relativos al estado civil de las personas tienen el mismo valor que los libros del RC, pero sólo se aplica a los documentos alemanes.

Por tanto, las certificaciones extranjeras no disfrutan de la presunción de exactitud, de forma que el tribunal al que se ha sometido el asunto procede al examen de los

---

(en español) la expresión «respetar», que utiliza el órgano judicial que formula la consulta pre-judicial.

305 Véanse los comentarios de Gardeñes Santiago, M., «Les exigences du marché intérieur dans la construction d'un code européen de droit international privé, en particulier, la place de la confiance et de la reconnaisance mutuelle» en, M. Fallon/P. Lagarde/S. Perrot-Peruzzetto (dirs.), *Quelle architecture pour un Code européenne de Droit international Privé*, Peter Lag Verlag, Bruselas, 2011, pp. 89 y ss; Marinai, S., «Aspetti di rilievo internazional privatistico nella giurisprudenza europea in materia di famiglia» en, Campuzano Díaz, B./Di Filippo, M./Rodríguez Benot, A./ Rodríguez Vázquez, M.ª A., *Hacia un Derecho conflictual europeo: realizaciones y perspectivas*, Comisión Europea/Univ. de Sevilla, 2008, pp. 185 y ss; Pataut, E., «Le renouveau de la théorie des droits acquis», *TCFDIP*, 2009, p. 90; Rodriguez Benot, A., «Los avances de la normativa comunitaria en el reconocimiento de las resoluciones judiciales en otros sectores del Derecho de familia: régimen económico matrimonial, parejas de hecho, alimentos y sucesiones» en, CDE (ed.), *La libre circulación de resoluciones judiciales en la Unión Europea*. Actas de Seminarios, Sevilla, 2005, pp. 165 y ss.

documentos que se le presentan según la regla de la libre apreciación de las pruebas. En este marco, hay una regla jurisprudencial, que establece una presunción, conforme a la cual, en caso de conflicto entre varios documentos sucesivos prevalece el cronológicamente más próximo, si no existen otras pruebas suficientes. Y, por tanto, en este caso prevaleció la primera certificación en extracto de la inscripción de nacimiento y la Sra. E. Dafeki no tiene derecho aún al cobro de la prestación por jubilación[306]. También cabe referirse a un asunto anterior en el que el TJUE se pronuncia sobre el valor de las certificaciones expedidas por el Estado miembro de producción[307].

Ahora bien, las decisiones más recientes del TJUE en los asuntos citados *supra* (en particular, nombre de las personas físicas, cambio de nombre y apellidos y sobre la identidad de género) colocan el centro de atención en las especificidades que presentan los asientos del RC y las condiciones a las que se supedita su circulación en la UE, esto es, la circulación de las circunstancias que constan en tales certificados, a los efectos de su inscripción, dada la fuerte presunción de verosimilitud que ofrecen[308]. En

---

306 Cabe señalar que el Gobierno alemán alega que son muchos los casos en los que los nacionales griegos aportan certificaciones rectificativas de los datos de nacimiento, con la finalidad de poder acceder a la prestación por jubilación y que, generalmente, esta modificación se realiza en beneficio del trabajador. Ha de señalarse que la Comisión de la UE considera que el Derecho comunitario, en su estado actual, no se opone a la práctica alemana (marg. 15).

307 En concreto, señaló el TJUE en el As. Bouchara, de 11 de mayo de 1989, que: *«por lo que se refiere concretamente a la comprobación de la información sobre la composición de un producto, facilitada a los consumidores al ponerse en venta dicho producto, el importador debe poder confiar en los certificados expedidos por las autoridades del Estado miembro de producción o por un laboratorio reconocido al efecto por las citadas autoridades, o, si la legislación de dicho Estado no exige la presentación de tales certificados, en otras certificaciones que ofrezcan un grado de garantía análogo».*

308 El encargado del RC hace un control (de legalidad) en el momento en el que se le solicita el acceso de cualquier título con la finalidad de comprobar que sólo se inscriban aquellos hechos y actos jurídicos reales, veraces, exactos y legales, a fin de que se conviertan, a través de la actividad registral, en hechos cubiertos por la fe pública registral. Véase, SALVADOR GUTIÉRREZ, S., «Inscripción registral de tí-

estos casos, la mera prueba (a través del documento) de la existencia (y presunción de validez) del acto o negocio en el Estado de origen es suficiente para que despliegue efectos sustantivos en el Estado requerido (como consecuencia del reconocimiento mutuo)[309].

Por tanto, dicha certificación no sólo prueba un aspecto concreto de la identidad personal, sino que permite que conste (en el Estado requerido) con arreglo a lo que indica un concreto ordenamiento, que suele ser el Derecho que ha configurado/expedido el certificado. Por tanto, cuando se invoca una certificación extranjera para que despliegue efectos se trata de aceptar o admitir un atributo de la personalidad, tal y como ha sido determinado conforme a un ordenamiento extranjero[310].

Esto es, la certificación extranjera no despliega solamente efectos probatorios, sino que acredita la existencia y validez de dichas circunstancias (efectos sustantivos) por la acción del reconocimiento mutuo (en el ámbito de las libertades)[311] («*a menos que existan indicios concretos,*

---

tulos extranjeros. Inscripción de matrimonios y sus crisis y régimen económico matrimonial» en, Guzmán Zapater, M./Herranz Ballesteros, M. (dirs.), *Crisis matrimoniales internacionales y sus efectos. Derecho español y de la Unión Europea. Estudio normativo y jurisprudencial*, Tirant lo Blanch, Valencia, 2018, p. 655. Cabe afirmar que en el as. E. Dafeki no se trataba de la inscripción de la certificación de nacimiento expedida en Grecia, sino de su aportación con el objetivo de poder percibir en Alemania una prestación de jubilación ante la Seguridad social (efecto legitimador).

309   Véase, Jiménez Blanco, P., «Movilidad transfronteriza...», *loc. cit.,* p. 29. En concreto, se afirma que *«la inscripción de una circunstancia relativa al estado civil en el Registro de otro Estado miembro tiene un efecto probatorio de la institución en el Estado de origen y, en la medida en que esa inscripción responda a un control de legalidad por parte de las autoridades de aquel Estado otorga una presunción de validez de ese acto en el Estado de origen»* (*Ibid.*, p. 30).

310   Como sucede en el caso del nombre de las personas físicas o de la identidad de género en los asuntos analizados *supra*, pues, como señala la doctrina, «en tales casos, *en principio, cada Estado atribuye o reconoce el estado civil en función de lo que disponga su propia ley»* (véase, Guzmán Zapater, M., «Las certificaciones...», *loc. cit.*, p. 127).

311   Véase, Jiménez Blanco, P., «Valor probatorio de los documentos públicos en la Unión Europea» en, Font I Mas, M., *El documento público extranjero en España y en la Unión Europea*, J M.ª Bosch Ed., Barcelo-

referidos al caso de que se trate, que hagan dudar seriamente de su exactitud», cdo. 21, as. E. Dafeki). Se estaría en presencia de una suerte de trascripción o traslado de asientos entre los Registros civiles de los Estados parte, cuando se trata de circunstancias de estado civil, si no son incompatibles con el orden público del Estado parte en el que se invocan[312].

En este sentido, si bien el art. 98 de la LRC indica un conjunto de requisitos que han de reunir las certificaciones registrales extranjeras para poder inscribirse en el RC español, no cabría verificar la condición que indica la letra c), si dicho certificado procede de una autoridad de un Estado parte y se refiere a un nacional de la UE *(«que el hecho o acto contenido en la certificación registral extranjera sea válido conforme al ordenamiento designado por las normas españolas de Derecho internacional privado»)*[313].

---

na, 2014, p. 451. Véase en sentido contrario, ARENAS GARCÍA, R., «El reconocimiento...», *loc. cit.*, p. 74.

312 Como se recuerda, «*el instrumento probatorio que proporciona el Registro civil supone que el documento originario, a través del método del registro, se transforma, mediante la inscripción, en un medio de prueba privilegiado que prevalece frente a cualquier otra prueba, incluso frente al propio documento original»* (véase, SALVADOR GUTIÉRREZ, S., «Inscripción registral...», *loc. cit.*, p. 655). Por tanto, inscrito el hecho o acto jurídico afectante al estado civil, opera la presunción *iuris tantum* de que el hecho o acto es acorde con la realidad y corresponde a su titular en la forma en la que está inscrito. Por tanto, practicada una inscripción, ésta goza de una presunción de exactitud, legalidad y validez del acto, que sólo podrá ser rebatida a través de los procedimientos legales establecidos, registrales o judiciales (*ibid.*).

313 El art. 98 de la LRC indica (en consonancia con lo dispuesto por el art. 28 del mismo cuerpo lega): *«Certificación de asientos extendidos en Registros extranjeros. 1. La certificación de asientos extendidos en Registros extranjeros es título para la inscripción en el Registro Civil español siempre que se verifiquen los siguientes requisitos: a) Que la certificación ha sido expedida por autoridad extranjera competente conforme a la legislación de su Estado. b) Que el Registro extranjero de procedencia tenga, en cuanto a los hechos de que da fe, análogas garantías a las exigidas para la inscripción por la ley española. c) Que el hecho o acto contenido en la certificación registral extranjera sea válido conforme al ordenamiento designado por las normas españolas de Derecho internacional privado. d) Que la inscripción de la certificación registral extranjera no resulta manifiestamente incompatible con el orden público español».* El art. 28 de la LRC dispone: *«Certificaciones de Registros extranjeros. Para practicar inscripciones sin expediente, en*

Por el contrario, el documento extranjero circularía (esto es, se inscribiría en el RC), sin ningún tipo de control relacionado con la validez de su contenido, de acuerdo con la jurisprudencia del TJUE en los asuntos en el ámbito del nombre de las personas físicas, del cambio de nombre y apellidos y sobre la identidad de género (*supra* analizados)[314].

Tan sólo podrían alegarse razones de orden público o de interés general para impedir la citada circulación (as. Mirin y as. Freitag, entre otros)[315]. En este sentido, existiría una noción de orden público propia del Derecho europeo[316]. E, incluso, se ha considerado que la idea del orden

---

virtud de certificación de Registro extranjero, será necesario el cumplimiento de los requisitos establecidos en la normativa aplicable para que tenga eficacia en España».

314   A modo de resumen de la citada jurisprudencia, cabe citar de forma literal la explicación que ofrece el TJUE en el citado as. Freitag: *«constituye reiterada jurisprudencia que, si bien en el estado actual del Derecho de la Unión, las normas que regulan la inscripción en el RC del apellido de una persona son competencia de los Estados miembros, éstos, no obstante, deben respetar el Derecho de la Unión al ejercer dicha competencia y, en particular, las disposiciones del Tratado FUE relativas a la libertad, reconocida a todo ciudadano de la Unión, de circular y residir en el territorio de los Estados miembros»* (cdo. 33). Se trata del «principio de efectividad» (cdo. 42). El Alto Tribunal cita como fundamento los asuntos: García-Avello (2003), Grunkin-Paul (2008), Sayn-Wittgemstein (2010), Runevic-Vardyn y Vardyn (2011) y Bogendorff von Wolffersdorff (2016).

315   Cabe recordar que en estos asuntos se trataba del acceso al RC del cambio de nombre y del género de una persona (primero) y del cambio de apellido (segundo) llevados a cabo en Estados parte distintos del Estado en el que se invocan los documentos acreditativos de tales cambios. En un caso, una certificación del RC y en el otro, el pasaporte expedido por las autoridades que habían autorizado el cambio del apellido del interesado.

316   Se plantea la existencia de una noción nueva de orden público internacional, distinta de la existente en cada Estado parte, que aglutine los intereses fundamentales que comparten dichos Estados. Véase, Comunicación: «Hacia un espacio de libertad, seguridad y justicia» (*Documentos COM/*98, 459 final, p. 9). En concreto, en el as. Coman, el TJUE señala que la noción de orden público como justificación para realizar una excepción a una libertad fundamental debe ser interpretada en sentido estricto, no puede ser entendida de forma unilateral por cada Estado y solo puede invocarse en caso de que exista una amenaza real y suficientemente grave que afecte a un interés fundamental de la sociedad (cdo. 44). En este caso, no existía esa razón de

público está incorporada o recogida de forma implícita en las libertades y, en concreto, en la libertad de circulación de personas y, por ello, no cumple un papel independiente en el nuevo DIPr europeo[317].

Por tanto, una de las manifestaciones del citado nuevo enfoque de los derechos de ciudadanía consiste en la posibilidad de que el nacional de un Estado miembro de la UE invoque sus circunstancias personales y familiares cuando se desplaza a otro Estado parte para que sean inscritas en un RC de dicho Estado, como prerrogativa que deriva de su derecho a la libertad de circulación. De ahí que pueda afirmarse que el reconocimiento mutuo ha supuesto la simplificación o liberalización de la circulación de todo tipo de documentos, en particular, cuando se trata de certificaciones registrales extranjeras y están en juego las libertades, porque, en estos casos, dicha circulación consiste, en concreto, en el acceso al RC de la certificación extranjera, sin que pueda realizarse un control del documento en el Estado parte de destino (porque ya se ha realizado en origen).

Por tanto, cabe decir que una clave de este nuevo enfoque de la concepción de la ciudadanía (protección de los nacionales de la UE) consiste en entender que los nacionales de la UE pueden invocar en otro Estado parte sus

---

orden público, en la medida en que no se trataba de inscribir en el RC del Estado parte de destino el matrimonio entre personas del mismo sexo, sino sólo permitir el ejercicio del derecho a la libre circulación al marido del solicitante, nacional de la UE. También se hace referencia en sentido parecido a la comunitarización del orden público (véase, KARYDIS, G., «L'ordre public dans l'ordre juridique communautaire: un concept à contenue variable», *Rev. trim. dr. eur.*, 2002, pp. 1 y ss).

317 Como se sabe, la noción de interés general constituye una excepción para impedir que tenga lugar el citado reconocimiento de acuerdo con la interpretación que ha hecho el TJUE de esta noción (excepción a la confianza mutua). Se recuerda que el principio de no discriminación es el trasunto de las libertades, que, por ello, también es operativo en el ámbito de la libertad de circulación en el ELSJ. Y se señala que la función del orden público como un remedio de aplicación general se cumple ahora por el principio de no discriminación, que expresa todos los principios fundamentales que han de ser respetados y se utiliza para causar su aplicación (véase, BALLARINO, T./UBERTAZZI, B., «On Avello…», *loc. cit.*, p. 128).

circunstancias personales y familiares que usualmente constan en certificaciones expedidas por el RC, salvo que existan razones de interés general u orden público, tal y como se desprende con claridad de la STJUE en el as. Mirin, entre otros[318].

B) Umbral mínimo de derechos en un contexto transfronterizo: identidad personal transfronteriza o estado civil internacionalizado

Como se ha señalado *supra*, un propósito principal del TA y también del TL ha sido situar al ciudadano en el centro del citado ELSJ y, para ello, constituye un objetivo fundamental no sólo el reconocimiento, sino, en particular, la mayor efectividad de sus derechos (derechos de la persona)[319]. El TJUE ha indicado en reiteradas ocasiones su función de garante de los derechos fundamentales reconocidos en la CDF[320].

Se trata de derechos que tiene toda persona por el solo hecho de serlo (dignidad), con independencia del lugar en el que se encuentre y, por ello, inherentes a la libre circulación de personas. Puede considerarse que alguno de ellos

318 También es interesante en este sentido el as. Freitag (C-541/15), resuelto por STJUE, de 8 de junio de 2017. Se trata de la solicitud de inscripción en el RC alemán del cambio de apellido efectuado en Rumania, que presenta el interesado mediante la presentación del pasaporte rumano. El Alto Tribunal declara que la normativa alemana es contraria al derecho a la libre circulación, porque supedita la posibilidad de solicitar la inscripción del cambio de apellido a que éste se haya realizado cuando el interesado tenía su residencia en el Estado miembro que llevó a efecto el citado cambio (Rumania), *«salvo que existan en el Derecho nacional otras disposiciones que permitan el reconocimiento efectivo de ese apellido».*

319 Se indica que el ELSJ *«constituye una zona o espacio de libertad, seguridad y justicia para todos los ciudadanos de la UE, acompañada de una política de seguridad comunitario y de protección de los derechos inherentes a la libre circulación de personas»* (véase, FERNÁNDEZ ROZAS, J.C., «El Espacio de Libertad, Seguridad y Justicia consolidado por la Constitución Europea», *Revista Jurídica Española La Ley*, 2004, n.º 4, D-195, p. 9)

320 Véase, entre otros, el cdo. 62 del as. Mirin.

acompañan a la libertad de circulación, porque, sin ellos, dicha libertad no es efectiva, al quedar limitada a la mera movilidad física[321].

En segundo lugar, ha de reiterarse la importancia que ha cobrado en este nuevo espacio no sólo la idea de garantía de la libertad de circulación (art. 3, 2.º del TUE), sino también y especialmente el protagonismo de la persona del ciudadano, en especial, su vida transfronteriza (ciudadanos móviles)[322].

Y, de ahí, se deduce que la libertad de circulación de personas se habría transformado en la libertad de circulación de sus circunstancias de estado civil, lo que permite pensar en la idea de que exista un umbral mínimo de derechos de los nacionales de la UE que se desplazan desde un Estado parte a otro («umbral mínimo de protección»), de un lado[323]. Y, de otro, en el reconocimiento de nuevos derechos a los nacionales de la UE, que se ejercen en un contexto transfronterizo.

Como se ha señalado *supra*, estamos en presencia de un nuevo enfoque del derecho a la libre circulación de los

---

321 Así lo ha señalado el TJUE, entre otros, en los asuntos Coman (as. C-673/16) y Pancharevo (as. 490/20), que presentan importantes diferencias si se comparan con los casos resueltos por el Alto Tribunal en el ámbito del nombre y apellidos y sobre la identidad de género. Para una presentación y análisis de estos casos, en especial, desde la perspectiva de la influencia que presenta el Derecho primario de la UE y, en particular, la libre circulación de personas, en el DIPr véase, HÜBNER, L., «Die Integration der primärrechtlichen Annerkenungsmethoden in das IPR», *RabelsZ*, 2021, pp. 106 y ss.

322 La Comisión se refiere a los «*ciudadanos móviles de la UE*» y a la necesidad de facilitar la vida de estas personas en el interior de la UE, esto es, en sus relaciones transfronterizas. Véase, Informe sobre la ciudadanía de la UE de 2020. «La capacitación de los ciudadanos y la protección de sus derechos», de 15 de diciembre de 2020 (*COM/*2020/730 final, p. 13, entre otras).

323 El TJUE menciona el citado «umbral mínimo de protección», que garantiza el art. 8 del CEDH y, por tanto, también el art. 7 de la CDF, dado que tiene el mismo contenido y alcance que el citado art. 8, tal y como se desprende de las Explicaciones sobre la Carta de los Derechos Fundamentales (cdo. 63 del as. Mirin). El Alto Tribunal cita por analogía el as. Alchaster, resuelto por STJUE de 29 de julio de 2024 (C-202/24) en el ámbito penal.

nacionales de la UE, directamente relacionado con la existencia de nuevos derechos de ciudadanía (en un contexto transfronterizo) y, al mismo tiempo, con una nueva noción de circulación de documentos (relacionada con la libertad de circulación de personas), de acuerdo con la cual, los ciudadanos pueden invocar sus circunstancias personales y familiares en otro Estado parte, para que desplieguen un conjunto de efectos (y, entre ellos, en particular, el efecto registral), salvo que existan razones de orden público o interés general[324]. En particular, cuando se trate de certificados del RC.

Cabe afirmar, por tanto, que la noción misma de ciudadanía podría estar cambiando, si se toma en cuenta la actual configuración del ELSJ, de forma que se va perfilando un nuevo conjunto de derechos de ciudadanía, a medida que se va dotando de contenido a dicho espacio, en especial, por la labor del TJUE, pero también a raíz de la nueva competencia asumida en el ámbito de la CJC (y la creación del DIPr europeo en torno al eje del reconocimiento mutuo).

Así, en el momento actual, cabe decir que existen nuevos derechos de ciudadanía vinculados con la movilidad en la nueva zona transfonteriza que constituye la UE, en especial, tras la entrada en vigor del TA y, en particular, que tales derechos constituyen un umbral mínimo, pudiendo considerarse la existencia de una identidad personal transfronteriza o de un estado civil internacionalizado (en determinados casos). Entre ellos, el derecho a la continuidad del nombre y de los apellidos y el derecho a la identidad personal transfronteriza, que consiste en la posibilidad de hacer valer las circunstancias personales a

---

324 Para ello, como se ha señalado, «*el método de reconocimiento de situaciones jurídicas sería el verdadero motor de la circulación de la identidad personal y familiar*» (véase, Durán Ayago, A., *Derechos humanos…, op. cit.*, p. 177). Se ha propuesto este método en la reunión del Grupo Europeo de Derecho internacional privado, celebrada en Oslo, el 4 de julio de 2022, en la que se adoptó una «Nota de orientación relativa al conflicto de leyes». En concreto, se trata del denominado Modelo 3, que consiste en la consideración de una regla general de reconocimiento de una relación jurídica creada en el extranjero.

través de una certificación del RC (entre otros documentos), en otro Estado parte de la UE[325].

En todo caso, el denominado «reconocimiento funcional», al que se ha hecho referencia *supra*, y que consiste en limitar los efectos de los documentos extranjeros en los que constan tales circunstancias personales o familiares (as. Coman, Pancharevo, entre otros), también va configurando un conjunto de derechos de los nacionales de un Estado parte o, por decirlo de otra forma, el derecho a la libre circulación se va rodeando de derechos accesorios, que entran de lleno en la categoría de las relaciones jurídico-privadas.

Sin duda, estamos en presencia del citado nuevo enfoque de los derechos de ciudadanía, en la medida en que no sólo hay que facilitar la movilidad de los nacionales de la UE (que incluye ahora también la circulación de sus circunstancias de estado civil y familiares), sino que hay que proteger a estos nacionales en el espacio transfronterizo constituido por la UE[326].

---

325 Puede decirse que se trata de nuevos derechos específicos en un contexto transfronterizo, como sucede, por ejemplo, con el derecho a la continuidad del nombre o, incluso, cabría decir que es el «derecho a la identidad personal transfronteriza». En concreto, se trataría de los derechos de tercera o última generación (derechos europeos 3.0), entendida ésta, no tanto por las materias que alcanza, sino por su marcada vocación europea. Estos derechos incluyen otras cuestiones esenciales de todo individuo, como puede ser su identidad personal o familiar o su integración en su lugar de vida o trabajo (véase, BLÁZQUEZ RODRÍGUEZ, I., *La persona física y su estatuto...*, *op. cit.*, p. 64). Todos estos derechos configurarían un estatuto personal del ciudadano en el espacio europeo para lograr una ciudadanía efectiva, reconociendo un mismo régimen al conjunto de ciudadanos que hacen uso de su libertad para circular (*ibid.*, pp. 44-45).

326 Y, en concreto, el TJUE menciona en innumerables ocasiones los inconvenientes de orden administrativo, profesional y privado, que se derivan para la vida diaria del nacional de la UE, que se desplaza a otro Estado parte, del hecho de que esté inscrito con distinto nombre y apellidos en dos Estados parte, al poder sufrir confusiones derivadas de la citada diversidad (as. Mirin, cdos. 54 y 55). Por tanto, cabe afirmar que no sólo está en juego el derecho de la persona a su identidad y a su vida privada, sino también la idea de facilitar y simplificar el día a día de los ciudadanos cuando se desplazan a otro Estado parte o tienen relación con más de un Estado parte (situaciones transfronterizas) en las cuestiones cotidianas tanto en el ámbito público como privado.

Por ello, cabría afirmar —con un sector de la doctrina— que estamos ante una nueva senda orientada hacia los problemas del ciudadano europeo como persona, en sus relaciones en el interior de la UE[327]. Dicha nueva senda se orienta hacia el reconocimiento de pleno Derecho de las relaciones o circunstancias de estado civil, que conforman su identidad como tal, que han sido configuradas en el Estado de origen, según su propio ordenamiento (y por sus autoridades), cuando está en juego la libertad de circulación (aunque no sólo, porque dicho reconocimiento también puede tener lugar de acuerdo con el «principio implícito de reconocimiento» que recoge el art. 7 de la CDF).

De ahí que la doctrina y, en particular, el GEDIP, se refieran a la «cristalización» o «consolidación del estado civil» o también a la «portabilidad del estado civil» como propuesta para la elaboración de un futuro Código europeo de DIPr[328].

---

327   Véase, GUZMÁN ZAPATER, M., «La libre circulación de documentos...», *loc. cit.*, p. 93.

328   En la doctrina, en particular, P. Lagarde, propone el empleo del «método de reconocimiento» en el espacio europeo, pero sólo cuando se trata de ámbitos en los que la intervención de la autoridad conlleva la aplicación de su propia ley (ley del foro), como es el caso de la inscripción de parejas de hecho, la celebración de matrimonios, la constitución de adopciones, etc. En tales casos, la función de la autoridad consiste, principalmente, en verificar el cumplimiento de determinados requisitos, pero sin que se dicte un fallo conforme a un criterio general de equidad (lo que suele suceder, con carácter general, en los actos de jurisdicción voluntaria). La cuestión estribaría, por ello, en determinar los criterios que han de ser fijados por el foro para permitir que desplieguen efectos las situaciones extranjeras, entre ellos, p.ej., la existencia de cierta proximidad con el Estado de origen (véase, «Développements futurs...», *loc. cit.*, p. 231). Por su parte, el GEDIP ha mantenido varias reuniones en las que ha tratado de ir pergeñando el contenido de una regla denominada «método de reconocimiento», que se encuentra en fase de elaboración. Cabe citar, entre los documentos más recientes, los que se han preparado para la celebración de las reuniones mantenidas en Oslo en 2022 y en Milán en 2023, en los que se hace un esbozo del empleo del citado método en el proyectado Código europeo de DIPr. En concreto, la ida de la consolidación o cristalización se refiere al ejercicio efectivo de los derechos nacidos de una relación jurídica, que puede, incluso, haber sido concretada por una decisión o acto público. Pueden consultarse estos documentos *on line* en el sitio *web* del GEDIP. Por último, la doctrina también se

Y, en todo caso, este tipo de consideraciones expresan la idea de la existencia de un umbral mínimo de derechos de los ciudadanos de la UE, en la línea de la protección de los «ciudadanos móviles»[329]. Por último, hay que tomar en cuenta que también existen un conjunto de principios y derechos, que recoge ahora la CDF, que determinan una concreta interpretación de la libertad de circulación, como se deduce con claridad del as. Pancharevo (interés del menor) y del más reciente as. Mirin (identidad personal e identidad sexual).

En esta misma línea, cabe mencionar la Resolución del Instituto de Derecho Internacional (en adelante, IDI) sobre los derechos de la persona humana y el Derecho internacional privado, de 4 de septiembre de 2021 (4.ª Comisión) (relator F. Pocar), por las importantes novedades que recoge en relación con la idea de la existencia de un estatuto de derechos básico o mínimo de toda persona, que han de ser respetados y reconocidos cualquiera que sea el país al que se desplace, una vez que se han configurado o constituido en determinado Estado (de origen), al estar vinculados con el derecho a la identidad personal y con el derecho a la vida familiar y a la vida privada. Y ello siempre que exista un vín-

---

refiere a la portabilidad del estatuto personal en un sentido parecido. Véase, en particular, PFEIFF, S., *La portabilité du statut personnel dans l'espace européen*, Bruylant, Bruxelles, 2017.

329 Se trata del «umbral mínimo de protección», al que hace referencia el TJUE en sus sentencias (as. Mirin, cdo. 63). En concreto, dicho umbral se deduce del art. 8 del CEDH (art. 7 de la CDF). Como ha destacado la doctrina, si bien el derecho al nombre no está especialmente protegido ni por el CEDH ni por la CDF, a raíz de la decisión del TEDH en el as. Burghartz c. Suiza (22 de febrero de 1994) se ha reconocido que constituye un elemento de la vida privada y familiar. Y, de ahí la relevancia de tener un nombre único (véase, DURÁN AYAGO, A., *Derechos humanos y método de reconocimiento de situaciones jurídicas: hacia la libre circulación de personas y familias. Perspectiva internacional y europea*, Aranzadi, Pamplona, 2023, p. 37).

culo de proximidad de la situación con el Estado de origen y sea conforme con el orden público[330].

Cabe llamar la atención sobre el hecho de que, en tales casos, la aplicación de las normas de DIPr, en particular, de las normas de conflicto, cede a favor de la mayor realización de los derechos de la persona, en particular, de su derecho a la identidad personal y a la vida privada y familiar (efectiva), reconocidos como derechos de toda persona por el sólo hecho de serlo y, por tanto, vinculados con su dignidad.

---

330   En concreto, los arts. 10 y 11 de la citada Res. del IDI disponen lo que sigue: *Article 10 (Statut personnel): Le respect du droit à la vie familiale et à la vie privée exige la reconnaissance d'un statut personnel établi dans un Etat étranger à condition que la personne concernée ait eu un lien suffisant avec l'Etat d'origine, conformément à l'article 3, paragraphe premier, ainsi qu'avec l'Etat dont la loi a été appliquée, et qu'il n'y ait pas de violation manifeste de l'ordre public international de l'Etat requis, dans le respect de l'article 8. Article 11(Nom d'une personne). 1. Le nom d'une personne fait partie de son identité, laquelle est protégée par le droit à la vie privée sans égard aux règles de conflit de lois d'un Etat déterminé.2. Le nom d'une personne enregistré dans un Etat en vertu du droit interne applicable doit être reconnu dans un autre Etat sans égard aux règles de conflits de lois de ce dernier, à moins que le nom ne soit manifestement incompatible avec son ordre public international, dans le respect de l'article 8.* Véase, el vol. 16, 2022, n.° 2, de la Revista *Diritti umani e Diritto internazionale*.

CONSIDERACIONES FINALES Y CONCLUSIONES

1.- La comunitarización de la CJC, tras la entrada en vigor del TA, ha tenido un importante impacto en los sistemas de DIPr de los Estados parte de la UE. Si bien existe cierto consenso a la hora de considerar que tal impacto presenta tintes principalmente políticos, queda aún por analizar qué aspectos o elementos del proceso de amsterdamización están incidiendo en la transformación de dichos sistemas nacionales.

En todo caso, la UE persigue nuevos objetivos tras el TA, que han sido ratificados por el TL, en relación con la elaboración de las medidas en el ámbito de la CJC. Por ello, es necesario situar el énfasis en cuáles son dichas nuevas metas. Y, en particular, cabe destacar el marco en el que se ubican las medidas a las que se refiere el art. 81 del TFUE, que consiste en la creación de un ELSJ, en el que ha de estar garantizada la libertad de circulación de personas (art. 3, 2.° del TUE). Cabe decir —por tanto— que todas las disposiciones que se encuentran en el Título V del TFUE están presididas por dicha finalidad.

Ésta es una clave que permite interpretar el reconocimiento mutuo para garantizar que la libertad de circulación de personas tenga lugar en condiciones aceptables de seguridad jurídica y política. En principio, la idea de libertad de circulación de personas se concibe de manera amplia. En concreto, se refiere a todas las personas, en particular, nacionales de terceros Estados, que presenten vinculación con el citado espacio. Estas personas (sin perjuicio del derecho a la libertad de circulación que tienen cuando se trata de familiares de ciudadanos de la UE), se

van a desplazar libremente con sus circunstancias personales y familiares en el interior de la UE, cuando se hayan
pronunciado decisiones judiciales u otorgado documentos que les conciernan en un Estado parte (de acuerdo
con los nuevos instrumentos europeos).

Por ello, cabe afirmar que la idea de libertad de circulación de personas cuando se empleó por el TA en el Título
IV del TCE/TA no se refería a la libertad del nacional de
la UE, sino que comprendía también a los nacionales de
terceros Estados. Sin embargo, esta doble acepción podía
prestarse a equívocos y, de hecho, se ha eliminado del
Título V del TFUE. No obstante, el TJUE sigue haciendo
referencia a ella, al aludir a los nacionales de terceros
Estados que tengan una vinculación estrecha con la UE,
en sus pronunciamientos en interpretación de determinados asuntos (as. Sundelind, entre otros).

2.- De otra parte, en los documentos elaborados por las
instituciones europeas en los que se va perfilando el citado
ELSJ se aprecia que también presenta **carácter evolutivo,**
esto es, que se va completando en función de las nuevas
demandas sociales que se van percibiendo por las instituciones de la UE. Sin embargo, un elemento que siempre
se encuentra presente es el reconocimiento mutuo como
vector de una nueva política pública sobre CJC.

Puede considerarse que esta regla es un instrumento
para el logro del objetivo marcado por la proyectada política. Por tanto, no presenta necesariamente, en principio,
similitudes con el criterio del reconocimiento mutuo ya
conocida para la realización del mercado interior, sino que
tiene contornos propios. De ahí la dificultad que puede
presentar su caracterización, sobre todo, tomando en
cuenta que se trataba ya de un conocido principio (as.
Cassis de Dijon).

De corte jurisprudencial, tampoco ha tenido una única
interpretación, sino que, en ocasiones, ha supuesto el
control de la equivalencia de las legislaciones indistinta-
mente aplicables, pero no siempre y, en otras, ese control
se ha llevado a cabo a la hora de considerar la exigen-

cia de la proporcionalidad (L. Arroyo y D. Utrilla). En todo caso, en este nuevo contexto, que consiste en la realización del ELSJ, el reconocimiento mutuo juega un amplio número de roles y conlleva o supone un desplazamiento del control (de la decisión o del documento) a la autoridad del Estado de origen (M. Guzmán).

3.- Ahora bien, al mismo tiempo y hasta cierto punto, no tiene sentido considerar que el reconocimiento mutuo sea independiente de las libertades. Si bien la autonomía funcional que se predica del Título V del TFUE tiene relevancia a la hora de realizar una concreta interpretación de la nueva política y del nuevo DIPr europeo, no puede decirse que el citado reconocimiento mutuo opere por completo de forma independiente de las libertades. Precisamente, la Comisión y el PE han insistido en que el citado reconocimiento es una garantía para la libre circulación de personas y facilita la tutela judicial efectiva en el interior de la UE (art. 67, 4.º del TFUE).

Esto es, dicho criterio es también funcional en el marco de la creación del citado ELSJ y se emplea con dicha lógica, presidida por dos objetivos principales: - máxima realización (garantía) de la libre circulación, en el sentido de protección de los ciudadanos y de sus derechos, en especial, de libre circulación (en particular, los relacionados con su vida transfronteriza); y protección y máxima realización (efectividad) de los derechos de la persona (derechos humanos) por encima de cualquier otra visión económica o patrimonial (más propia de un mero mercado).

Por tanto, el reconocimiento mutuo está imbuido de ese mismo norte o lógica, que, en definitiva, consiste en la circulación de las decisiones judiciales o extrajudiciales en un único espacio judicial, en el que se presupone la equivalencia entre las Administraciones nacionales, siendo el orden público la única posibilidad para denegar o impedir la citada circulación —en su caso—.

4.- Por todo ello, en el actual ELSJ, más que hablar de «reconocimiento», cabe referirse a la circulación. No se trata ya de favorecer o facilitar que las decisiones extranjeras o documentos desplieguen efectos en el foro (de acuerdo con el principio del *favor recognitionis*), eliminando para ello trabas u obstáculos, sino que las decisiones valen desde el origen, salvo que existan razones de orden público que lo impidan.

Como es sabido, la acción de dicho criterio de favor, cuya vigencia está generalmente aceptada en el sistema de DIPr, no se relaciona —de forma necesaria— con la normativa de derechos humanos ni con el logro de su mayor efectividad, sino con la función del DIPr (la concepción tradicional), que conlleva la interpretación de las condiciones (obstativas) o requisitos para el reconocimiento de la forma en la que lesionen en menor medida dicha función, que consiste prioritariamente en lograr la continuidad espacial.

5.- En el actual ELSJ las decisiones y documentos valen desde el origen, de tal forma que las recientes propuestas de la doctrina y del GEDIP (método de reconocimiento), orientadas hacia la elaboración de un Código europeo de DIPr, son plenamente compatibles con esta función que está llamado a desempeñar el DIPr europeo para dar respuesta a las relaciones transfronterizas que tienen lugar en el interior de la UE. Vinculada con esta idea, se encuentra la noción de «cristalización», que —en principio— no tendrá lugar en ausencia de consolidación del estatuto en el extranjero o de proximidad de la situación personal o familiar con el Estado en el que se constituye la situación.

Esta noción puede llegar a ser un presupuesto para que actúe el criterio del reconocimiento mutuo. El empleo de determinadas conexiones territoriales (residencia habitual) para que puedan constituirse las relaciones privadas intraeuropeas puede facilitar la citada circulación.

6.- Por otro lado, la nueva política pública sobre CJC (y el DIPr europeo) presenta cierta convergencia con los objetivos de la UE en el ámbito de la ciudadanía, como puede apreciarse en los informes elaborados por la Comisión (entre otros, el Informe sobre la ciudadanía de la

UE de 2020), en la medida en que la creación del ELSJ se plantea como un espacio para los ciudadanos. Y, por tanto, la política sobre CJC también está relacionada con los derechos del ciudadano, en especial, con su vida transfronteriza.

De ahí que, en ocasiones, un mismo Libro Verde («Menos trámites administrativos para los ciudadanos: promover la libre circulación de los documentos públicos y el reconocimiento de los efectos de los certificados de estado civil») haya servido para adoptar iniciativas legislativas con base en el art. 81 del TFUE y en el art. 21 (libertad de circulación de nacionales de la UE).

7.- Como puede apreciarse, un claro objetivo introducido por el TA y ratificado por el TL consiste en la protección del ciudadano cuando cruza las fronteras (ciudadano móvil). En este sentido, el actual ordenamiento de la UE ha situado el énfasis en la tutela de la persona y, en particular, del ciudadano, alcanzado tal protección también a sus derechos como tal, en concreto, a sus circunstancias personales y familiares en dicho contexto transfronterizo.

Dicha tutela se logra a través de intervenciones legislativas y, en concreto, de los nuevos instrumentos nacidos a resultas del proceso de comunitarización de la CJC, pero también mediante la jurisprudencia del TJUE, de acuerdo con la cual el nacional de la UE puede invocar sus circunstancias personales o familiares en otro Estado parte (sin que sea necesario un procedimiento ni tampoco condiciones), salvo que existan razones de interés general o de orden público que lo impidan.

En tales casos está en juego la libertad de circulación de personas, convertida ahora no sólo en un derecho a la movilidad física, sino también a la protección de sus relaciones personales y familiares en el interior del espacio transfronterizo que constituye la UE. De ahí que se considere que el as. García Avello supone el origen de un nuevo DIPr europeo, porque es un planteamiento completamente nuevo, el hecho de que ya no sea necesario supeditar el reconocimiento de documentos a las exigencias tradicionales (procedimiento y condiciones), sino que tiene lugar, salvo cuando puedan alegarse razones de interés general, siempre que estén suficientemente justificadas, con arreglo a los principios y valores que recoge la CDF.

En este sentido, hay que destacar la creciente referencia que realiza el TJUE en sus decisiones judiciales en las que interpreta la libertad de circulación de personas, a los derechos que reconoce el CEDH y la CDF, indicando una estrecha conexión de la citada libertad con los dd. hh., que permite considerar la existencia de un umbral mínimo de derechos que corresponden al nacional de la UE en el ELSJ (derecho a la continuidad del nombre y de los apellidos, de la identidad de género, etc.). Y también a los nacionales de terceros Estados en determinados casos con arreglo al principio de continuidad transnacional.

8.- Por tanto, la libertad de circulación de personas así entendida incide, en concreto, en el «efecto registral» de los documentos públicos extranjeros, en especial, de los certificados del RC, permitiendo que tenga lugar una suerte de traslado de asientos entre los Registros civiles de los Estados parte. En definitiva, dicha libertad ha trascendido el cruce físico de una frontera, porque conlleva ahora también el reconocimiento del *status familiae* constituido en el Estado de origen, en particular, cuando consta en una certificación registral. De ahí que se comience a hablar de una «identidad personal transfronteriza» en dicho contexto.

9.- Ahora bien, en otros casos, cuando el nacional de la UE invoca sus circunstancias personales y familiares en otro Estado parte tiene lugar un «reconocimiento funcional». P.ej., a los efectos de la expedición de un documento de identidad. Como ha señalado el TJUE en el as. Pancharevo (as. C 490/20), las autoridades del Estado cuya nacionalidad ostenta la menor (búlgara) están obligadas a expedir un documento de identidad o un pasaporte, tal como resulta del certificado español de nacimiento, pero sin que ello signifique que se reconozca el vínculo de filiación entre ella y las personas mencionadas como progenitoras en el certificado de nacimiento emitido por las autoridades del Estado miembro de acogida, con fines distintos del ejercicio de los derechos que el ordenamiento de la UE confiere a la menor.

Se trata del efecto legitimador ante las AA. PP. de otro Estado parte de los documentos en los que constan las circunstancias personales y familiares cuando se trata de nacionales de la UE (P. Jiménez Blanco). Si bien en el as. Pancharevo la cuestión no se cifraba en que constase el nacimiento de la menor en el RC de Bulgaria junto con el nombre de sus dos progenitoras, reconoce el TJUE que tiene derecho a circular con ellas por la UE, que son madres a todos los efectos (finalidad de la libre circulación).

Ahora bien, los nacionales de la UE pueden invocar sus circunstancias personales o familiares, incluso antes del desplazamiento, como ha señalado el TJUE (en la medida en que la libertad de circulación ya no requiere que tenga lugar la movilidad física de un Estado a otro), debiendo la autoridad de destino aceptar dichas circunstancias, salvo que puedan alegarse razones de interés general. Por último, en ocasiones, el TJUE se refiere a las razones de interés general y al orden público de forma indistinta (as. Coman, cdo. 42 y 43). Se considera también que el orden público está integrado en el concepto de interés general.

10.- Como conclusión final, cabe afirmar que el DIPr europeo es un nuevo instrumento al servicio de la transformación de la UE en un ELSJ, en el que quede garantizada la libertad de circulación, en especial, de las personas que son nacionales de la UE. Y, por ello, se construye, a dos velocidades: para los nacionales de la UE y para los nacionales de terceros Estados. Los primeros gozan del derecho a la libre circulación, que ha considerado el legislador europeo que no era suficiente para lograr el objetivo de la «ciudadanía móvil», que consiste en facilitar y simplificar la vida (relaciones personales, familiares, profesionales) de los ciudadanos en el interior de la UE para incrementar su movilidad transfronteriza. Y, por ello, ha sido necesario crear un ELSJ, en el que se articule una nueva política en el ámbito de la CJC para lograr dicho objetivo.

En todo caso, el contenido del DIPr europeo se conforma no sólo por los instrumentos surgidos tras la comunitarización de la CJC, sino también por las decisiones del TJUE en el ámbito de la libertad de circulación de personas; y su función consiste en promover la circulación de todo tipo de decisiones judiciales y documentos en la UE, mediante el empleo del reconocimiento mutuo.

BIBLIOGRAFÍA

ABARCA JUNCO, P. / VARGAS GÓMEZ-URRUTIA, M., «El estatuto de ciudadano de la Unión y su posible incidencia en el ámbito de aplicación del Derecho comunitario (STJUE Ruiz Zambrano)», *REEI*, 2012, n.º 23, pp. 19 y ss.

ÁLVAREZ GONZÁLEZ, S., «Derecho internacional privado y Derecho privado europeo» en, Cámara Lapuente, S. (coord.), *Derecho privado europeo*, Colex, Madrid, 2003, pp. 157 y ss.

ÁLVAREZ GONZÁLEZ, S., «Nota a la STJUE de 22 de diciembre de 2010, as. C-208/09, Llonka Sayn-Wittgenstein y Landeshauptmann von Wien», *REDI*, 2011, vol. LXIII, pp. 235 y ss.

ÁLVAREZ RUBIO, J. J., «El futuro espacio judicial europeo» en, *La constitucionalización del proceso de integración europea*, Col. Cuadernos de la Escuela Diplomática, n.º 9, Madrid, 2005, pp. 169 y ss.

ÁLVAREZ RUBIO, J. J., «Delitos civiles contra el honor en la Unión Europea» en, Borrás, A./Garriga, G. (eds.), *Adaptación de la legislación interna a la normativa de la Unión Europea en materia de cooperación civil*, Homenaje al Prof. Dr. Ramón Viñas Farré, Marcial Pons, Madrid, 2012, pp. 291 y ss.

ARENAS GARCÍA, R., «El reconocimiento de las situaciones familiares en la Unión Europea» en, Cuartero Rubio, M.ª V./ Velasco Retamosa, J.M. (dirs.), *La vida familiar internacional en una Europa compleja: cuestiones abiertas y problemas de la práctica*, Tirant lo Blanch, Valencia, 2021, pp. 47 y ss.

ARENAS GARCÍA, R., «Abolition of Exequatur: Problems and Solutions. Mutual Recognition, Mutual trust and Recognition of Foreign Judgements: too many words in the sea», *YPIL*, 2010, pp. 1-28.

ARENAS GARCÍA, R., «Del Reglamento Bruselas I al Reglamento Bruselas I *bis*», *REDI*, 2013-2, pp. 377 y ss.

ARROYO JIMÉNEZ, L./UTRILLA FERNÁNDEZ, D., «El reconocimiento mutuo en el Derecho del mercado interior», 3/17 *Preprints series of the Center for European Studies Luis Ortega Álvarez and the Jean Monnet Chair of European Administrative Law in Global Perspective*, 2017, pp. 1 y ss.

BALLARINO, T./UBERTAZZI, B., «On Avello and others. A new Departure in the Conflict of Laws?», *YPIL*, 2004, vol. VI, pp. 85 y ss.

BARATTA, R., «Problematic elements of an implicit rule providing for mutual recognition of personal and family status in the EC», *IPRax*, 2007-1, pp. 4 y ss.

BARATTA, R., *Scioglimento e invalidità del matrimonio nel Diritto internazionale privato*, Giuffrè, Milán, 2004.

BARATTA, R., «Il regolamento comunitario sull diritto internazionale privato della famiglia» en, Picone, P. (ed.), *Diritto internazionale privato e Diritto comunitario*, CEDAM, Padova, 2004, pp. 197 y ss.

BARATTA, R., «Derechos fundamentales y Derecho internacional privado de familia», *AEDIPr*, 2016, pp. 119 y ss.

BARIATTI, S., «La cooperazione giudiziaria in materia civile dal terzo pilastro dell'Unione europea al Titolo IV del Ttattato CE», *Il Diritto dell'Unione Europea*, 2001, vols. 2-3, pp. 261 y ss.

BASEDOW, J., «The communitarization of the conflicts of law under the Treaty of Amsterdam», *CMLR*, 2000, n.º 3, pp. 607-708.

BASEDOW, J., «La progresiva europeización del Derecho contractual», *REDI*, 2004, vol. LVI, pp. 28 y ss.

BLÁZQUEZ PEINADO; M.ª D., *La ciudadanía de la Unión*, Tirant lo Blanch, Valencia, 1998.

BLÁZQUEZ RODRÍGUEZ, I., *La persona física y su estatuto: nuevas perspectivas en la interacción entre el Derecho internacional privado y la libre movilidad intra-UE*, Dykinson, Madrid, 2024.

BOELE-WOELKI, K y otros (eds.), *Principles of European Family Law Regarding Divorce and Maintenance Between Former Spouses*, Intersentia, Antwerp, Oxford, 2004.

BOGDAN, M., «General Aspects of the Future Regulation», Malatesta (dir.), *The Unification of Choice-of-Law Rules on Tort and other non-contractual obligations in Europe*, CEDAM, Padova, 2006, pp. 33 y ss.

BONOMI, A, «Il regolamento europeo sulle successioni», *RDIPP*, 2013, pp. 293 y ss.

BONOMI, A./WAUTELET, P., *El Derecho europeo de sucesiones. Comentario al Reglamento (UE) n.º 650/2012, de 4 de julio de 2012*, traduc. y adaptación de S. Álvarez González, M. Álvarez Torné, A. Font I Segura, J.M.ª Gómez-Riesgo, J. Gómez-Riesgo y M. Requejo Isidro, Aranzadi, Pamplona, 2015.

BORRÁS RODRÍGUEZ, A, «Le Droit international privé communautaire: réalités et perspectives d'avenir», *RdC*, 2005, vol. 317, pp. 313 y ss.

BORRÁS RODRÍGUEZ, A., «Derecho internacional privado y Tratado de Ámsterdam», *REDI*, 1999-2, vol. LI, pp. 383 y ss.

BORRÁS RODRÍGUEZ, A., «La falta de unificación del ámbito de aplicación del Derecho internacional privado comunitario» en, Badía, A.M./Pignau, A./Olesti, A. (coords), *Derecho internacional y comunitario ante los retos de nuestro tiempo. Homenaje a la Pfra. V. Abellán Honrubia*, vol. I, 2009, pp. 853 y ss.

BORRÁS RODRÍGUEZ, A, «Las perspectivas de la cooperación judicial civil» en, AA. VV., *La Presidencia española de la Unión Europea en 2010. Propuestas para una agenda ambiciosa*, F. Aldecoa/L.N. González/M. Guzmán, coords., Novenas jornadas extraordinarias Escuela Diplomática, AEPDIRI, *Cuadernos de la Escuela Diplomática*, vol. 38, Marcial Pons, Madrid, 2009, pp. 375 y ss.

BORRÁS RODRÍGUEZ, A., «La incidencia de la comunitarización del Derecho internacional privado en la elaboración de los convenios internacionales» en, *Estudios em Homenagem à Professora Doutora I. De Maglhaes Collaço*, vol. I, ed. Almedina, 2002, pp. 46 y ss.

BORRÁS RODRÍGUEZ, A/PARRA, C., «La XXI sesión diplomática de la Conferencia de La Haya de Derecho internacional privado (5-23 de noviembre de 2007)», *REDI*, 2007-2, pp. 855 y ss.

BORRÁS, A./GARRIGA, G. (eds.), *Adaptación de la legislación interna a la normativa de la Unión Europea en materia de cooperación civil, Homenaje al Prof. Dr. Ramón Viñas Farré*, Marcial Pons, Madrid, 2012.

BUCHER, A., «La migration de l'état civil», *A commitment to Private International Law: Essays in honour of Hans van Loon*, Intersentia, Cambridge, 2013,

CAAMIÑA DOMÍNGUEZ, C. M. «La supresión del exequátur en el Reglamento 2201/2003», *CDT*, 2011, 3, n.º 1, pp. 63 y ss.

Calzado Llamas, A. J., *La sustracción internacional de menores: el Reglamento 2019/111 y su interacción con el Convenio de La Haya de 1980 y la LEC*, Aranzadi, Pamplona, 2023.

Calvo Caravaca, J. L./Carrascosa González, J. (dirs.), *Tratado de Derecho internacional privado*, Tomo I, 2.ª ed., Tirant lo Blanch, Valencia, 2022.

Campuzano Díaz, B., «Reflexiones sobre el certificado de nacimiento a propósito de los casos Pancharevo y Rzecznik», *CDT*, 2024, pp. 241 y ss.

Campuzano Díaz, B., «La propuesta de reforma del Reglamento 2201/2003 en materia matrimonial» en, Campuzano Díaz, B./ Di Filippo, M. /Rodríguez Benot, A./ Rodríguez Vázquez, M.ª A., *Hacia un Derecho conflictual europeo: realizaciones y perspectivas*, Comisión Europea/ Universidad de Sevilla, 2008, pp. 93 y ss.

Caro Gándara, R., «Libertades UE, reconocimiento y orden público de los Estados miembros (Reflexiones tras la sentencia del Tribunal de Justicia de 22 de diciembre de 2010, as. C-208/09, Ilonka Sayn-Wittgenstein», *La Ley Unión Europea*, n.º 3, abril de 2013, pp. 8 y ss.

Castellanos Ruiz, E. (dir), *Comentario al nuevo Reglamento (UE) Bruselas II ter relativo a la competencia, el reconocimiento y la ejecución de resoluciones en materia matrimonial y de responsabilidad parental, y sobre la sustracción internacional de menores*, Tirant lo Blanch, Valencia, 2024.

Cervilla Garzón, M.ª D., «Gestación subrogada y dignidad de la mujer», *Actualidad Jurídica Iberoamericana*, 2018, n.º 9, pp. 10 y ss.

Corneloup, S./Joubert, N. (dirs), *Le Règlement communautaire «Rome II» sur la Loi applicable aux obligations non contractuelles*, Actes du colloque du 20 septembre 2007 (Dijon), Litec, Paris, 2008.

DE MIGUEL ASENSIO, P., «La evolución del Derecho internacional privado comunitario en el Tratado de Ámsterdam», *REDI*, 1998-1, pp. 373 y ss.

DE MIGUEL ASENSIO, P., «Integración europea y Derecho internacional privado», *RDCE*, 2, 1997, pp. 413 y ss.

DE MIGUEL ASENSIO, P., «Convenios internacionales y unificación del Derecho internacional privado de la Unión Europea», C. Esplugues Mota/G. Palao Moreno (eds.), *Nuevas fronteras del Derecho de la Unión Europea. Liber amirocum José Luis Iglesias Buhigues*, Tirant lo Blanch, Valencia, 2012, pp. 68 y ss.

DEL VALLE GÁLVEZ, J. A., «Cap. 4. La libre circulación de personas en el espacio de libertad, seguridad y justicia (I)», M. López Escudero y J. Martín y Pérez de Nanclares (dirs.), *Derecho comunitario material*, Mc Graw Hill, Madrid, 2000, pp. 41 y ss.

DESANTES REAL, M. / IGLESIAS/ BUHIGUES, J. L., «Hacia un sistema de Derecho internacional privado de la Unión Europea», *AEDIPr*, 2009, vol. IX, pp. 115 y ss.

DURÁN AYAGO, A., *Derechos humanos y método de reconocimiento de situaciones jurídicas: hacia la libre circulación de personas y familias. Perspectiva internacional y europea*, Aranzadi, Pamplona, 2023.

DURÁN AYAGO, A., «De la identidad de género a la libre circulación en la Unión Europea. Un paso más en la buena dirección al albur de la STJUE de 4 de octubre de 2024, C-4/23, Mirin», *CDT*, 2025, vol. 17, pp. 1260 y ss.

DURÁN AYAGO, A., «El TJUE y el nombre de las personas físicas: principio de reconocimiento mutuo, derecho a la identidad y libre circulación de personas» en, A.L. Calvo Caravaca / J. Carrascosa González (coords.), *El Tribunal de Justicia de la Unión Europea y el Derecho internacional privado*, Aranzadi, Pamplona, 2021, pp. 515 y ss.

Espiniella Menéndez, A., «El techo de cristal del reconocimiento mutuo de decisiones (A propósito de los 50 años del Convenio de Bruselas de 1968)» en, C. Esplugues Mota y otros, *50 años de Derecho internacional privado de la Unión Europea en el diván*, Tirant lo Blanch, Valencia, 2019, pp. 261 y ss.

Espinosa Calabuig, E., «La responsabilidad parental y el nuevo Reglamento de Bruselas II *bis:* entre el interés del menor y la cooperación judicial interestatal», *RDIPP*, 2003, pp. 735 y ss.

Font Segura, A., «El progresivo avance del Derecho comunitario en materia de familia: un viaje inconcluso de Bruselas II a Bruselas II *bis*», *REDI*, 2004, pp. 273 y ss.

Esteban de la Rosa, G., «Identidad personal transfronteriza y Derecho internacional privado europeo», *REDI*, 2002-2, vol. 74, pp. 157 y ss.

Esteban de la Rosa, G., «¿Transformación del reconocimiento de decisiones en el Espacio europeo de justicia?», *RGDE*, 2020, n.º 50, pp. 22 y ss.

Esteban de la Rosa, G., «Orden público y Reglamento 1259/2010: Reflexiones acerca del art. 10» en, Zurita Martín, I./Cervilla Garzón, M.ª D. (dirs.), *Identidad islámica y orden público en una sociedad inclusiva*, Aranzadi, Pamplona, 2023, pp. 205 y ss.

Esteban de la Rosa, G., «Autonomía y carácter funcional del Derecho internacional privado de origen europeo: una aproximación», *RGDE*, 2023, n.º 51, pp. 21 y ss.

Fallon, M./Meeusen, J., «Private international Law in the European Union and the exception of mutual recognition», *YPIL*, 2002-4, pp. 46 y ss.

Fernández Rozas, J.C., «Derecho internacional privado y Derecho comunitario», *RIE*, 1990, vol. 17, pp. 785 y ss.

FERNÁNDEZ ROZAS, J.C., «El Espacio de Libertad, Seguridad y Justicia consolidado por la Constitución Europea», *Revista Jurídica Española La Ley*, 2004, n.º 4, D-195, pp. 9 y ss.

FERNÁNDEZ-TRESGUERRES GARCÍA, A., *Las sucesiones mortis causa en Europa: aplicación del Reglamento UE n.º 650/2012*, Aranzadi, Pamplona, 2016.

FERRER I GÓMEZ, A., *Libre circulación de nacionales de terceros Estrados y miembros de la familia en la Unión Europea*, Instituto Universitario de Estudios Europeos, Barcelona, 2001.

FONT SEGURA, A., «El progresivo avance del Derecho comunitario en materia de familia: un viaje inconcluso de Bruselas II a Bruselas II *bis*», *REDI*, 2004, pp. 273 y ss;

FOYER, J., «L'avant-projet de Convention CEE sur la loi applicable aux obligations contractuelles et non-contractuelles», *JDI*, 1976, pp. 555 y ss.

FRANZINA, P., «Some remarks on the relevance of article 8 of the ECHR to the recognition of family status judicially created abroad», *Diritti umani e diritto internazionale*, 2011, n.º 3, vol. 5, pp. 609 y ss.

GARCÍA LÓPEZ, J.A., «Repercusiones de la Sentencia del Tribunal de Justicia europeo en el asunto Sundelind López: ámbito de aplicación espacial de las normas sobre competencia judicial internacional de la Unión Europea en materia de separación y divorcio», *AEDIPr,* 2009, pp. 307 y ss.

GARDEÑES SANTIAGO, M., «El desarrollo del Derecho internacional privado tras el tratado de Ámsterdam: los arts. 61 c) y 65 TCE como base jurídica», *RDCE*, 2002, pp. 231 y ss.

GARDEÑES SANTIAGO, M, *La aplicación de la regla del reconocimiento mutuo y su incidencia en el comercio de mercancías y servicios en el ámbito comunitario e internacional*, EUROLEX, Madrid, 1999.

GARDEÑES SANTIAGO, M., «El método del reconocimiento desde la perspectiva del Derecho internacional privado europeo y español», *AEDIPr*, 2017, pp. 41 y ss.

GARDEÑES SANTIAGO, M., «Cap. 3. El reconocimiento mutuo en la Unión Europea: su naturaleza jurídica a la luz de las técnicas o métodos del derecho internacional privado» en, Agudo González, J., *Relaciones jurídicas transnacionales y reconocimiento mutuo*, Aranzadi, Pamplona, 2019, pp. 125 y ss.

GARDEÑES SANTIAGO, M., «Les exigences du marché intérieur dans la construction d'un code européen de droit international privé, en particulier, la place de la confiance et de la reconnaissance mutuelle» en, M. Fallon/P. Lagarde/S. Perrot-Peruzzetto (dirs.), *Quelle architecture pour un Code européenne de Droit international Privé*, Peter Lag Verlag, Bruselas, 2011, pp. 89 y ss.

GAUDEMET-TALLON, H., «Quel Droit international privé pour l'Union européenne?» en, J. Borches y P.-J. Zekoll (eds.), *International Conflict of Laws for the Third Millenium, Esays in honour of Friederik K. Juenger*, Martinus Nojhoff, La Haya, 2001, pp. 320 y ss.

GONZÁLEZ BEILFUS, C., «Libre circulación de personas y homoparentalidad (comentario a la STJUE, de 14 de diciembre de 2021», *REEI*, 2022, n.º 43, pp. 1 y ss.

GONZÁLEZ BEILFUS, C., «La Propuesta de Reglamento europeo de filiación: principales retos», *AEDIPr*, 2023, pp. 151 y ss.

GONZÁLEZ BEILFUS, C., «El proyecto de medidas para la aplicación del principio de reconocimiento mutuo de las resoluciones judiciales en materia civil y mercantil», *REDI*, 2000-2, pp. 662 y ss.

GONZÁLEZ BEILFUS, C., «Relaciones e interacciones entre Derecho comunitario, Derecho internacional privado y Derecho de familia europeo en la construcción de un espacio judicial común», *AEDIPr*, 2004, pp. 117 y ss.

González Campos, J.D., «La admisión de la Comunidad Europea en la Conferencia de La Haya de Derecho internacional privado y la reforma de su estatuto: líneas generales y principales cuestiones en un proceso aún no concluso», *REDI*, 2005-2, pp. 1157 y ss.

Goñi Urriza, N., «El reconocimiento de las relaciones de filiación en la Unión Europea», *CDT*, 2023, vol. 15, pp. 970 y ss.

Goñi Urriza, N., «El ámbito de aplicación de las libertades europeas que afectan al Derecho de familia y las relaciones entre el orden público de la Unión Europea y el de los Estados miembros», *CDT*, 2021, vol. 13, n.º 2, pp. 233-255.

Grundmann, S., «Binnenmarkskollisionsrecht –vom klassischen IPR zur Integrationsordnung», *RabelsZ.*, 2000, pp. 457 y ss.

Gutiérrez Berlinches, A., «Tercera Parte. Competencia judicial internacional, reconocimiento y ejecución de resoluciones extranjeras en materia de alimentos» en, A. de la Oliva Santos (dir.), *Derecho procesal civil europeo*, Pamplona, Aranzadi, 2011, pp. 567 y ss.

Guzmán Zapater, M., «La libre circulación de documentos públicos relativos al estado civil en la Unión Europea» en, M. Font i Mas (dir.), *El documento público extranjero en España y en la Unión Europea: Estudios sobre las características y efectos del documento público*, Ed. Bosch, Madrid, 2014, pp. 93 y ss.

Guzmán Zapater, M., «Cooperación judicial civil y Tratado de Lisboa: entre consolidación e innovación», *RGDE*, 2010, n.º 21, pp. 5 y ss.

Guzmán Zapater, M., «Las certificaciones de estado civil: perspectivas de impulso de la libertad de circulación en el interior de la Unión Europea», *RDUE*, 2012, pp. 119 y ss.

GUZMÁN ZAPATER, M., «Supresión del exequátur y tutela de derechos fundamentales: articulación en el sistema español» en, Borrás, A./Garriga, G. (eds.), *Adaptación de la legislación interna a la normativa de la Unión Europea en materia de cooperación civil*, Homenaje al Prof. Dr. Ramón Viñas Farré, Marcial Pons, Madrid, 2012, pp. 143 y ss.

HÜBNER, L., «Die Integration der primärrechtlichen Annerkenungsmethoden in das IPR», *RabelsZ*, 2021, pp. 106 y ss.

IDOT, L., «L'incidence de l'ordre communautaire sur le Droit international privé», *Petites Affiches*, 12 de diciembre de 2002, pp. 27 y ss.

IGLESIAS BUHIGUES, J.L., «La cooperación judicial internacional en materia civil», *Cooperación judicial internacional*, Col. Escuela Diplomática, n.º 5, Madrid, 2001, pp. 47 y ss.

IGLESIAS BUHIGUES, J. L., «Luces y sombras de la cooperación judicial en materia civil en la Unión Europea» en, Forner Delaygua, J./ González Beilfus, C./ Viñas Farré, R. (coords.), *Entre Bruselas y La Haya. Estudios sobre la unificación internacional y regional del Derecho internacional privado. Liber Amicorum Alegría Borrás*, Marcial Pons, Barcelona, 2013, pp. 537 y ss.

IGLESIAS BUHIGUES, J.L., «La cooperación judicial en materia civil (CJC) antes y después del Tratado de Ámsterdam», *RGD*, núm. 644, mayo de 1998, pp. 5851 y ss.

JIMÉNEZ BLANCO, P., «La movilidad transfronteriza de matrimonios entre personas del mismo sexo: la UE da un paso. Sentencia del Tribunal de Justicia de la Unión Europea, de 5 de junio de 2018, as. C-678/18, Coman», *La Ley Unión Europea*, n.º 61, de 31 de julio de 2018, pp. 1 y ss.

JIMÉNEZ BLANCO, P., «Valor probatorio de los documentos públicos en la Unión Europea» en, Font I Mas, M., *El documento público extranjero en España y en la Unión Europea*, J M.ª Bosch Ed., Barcelona, 2014, pp. 451 y ss.

JIMÉNEZ BLANCO, P., «La crisis de la gestación por sustitución en Ucrania y el caos en el Ministerio de Justicia (Comentario a las Instrucciones de la DGRN de 14 y 18 de febrero de 2019)», *REEI*, 2019, pp. 28 y ss.

JIMÉNEZ DE PARGA MASEDA, P., *El derecho a la libre circulación de las personas físicas en la Europa comunitaria*, Tecnos, Madrid, 1994.

JUÁREZ PÉREZ, P., *Nacionalidad estatal y ciudadanía europea*, Marcial Pons, Madrid, 1998.

KHAIRALLAH, G./ REVILLARD, M. (dirs), *Droit européen des successions internationales (Le Règlement du 4 juillet 2012)*, Defrénois, Paris, 2013;

KINSCH, P., «Droits de l'homme, droits fondamentaux et Droit international privé», *RdC*, 2005, vol. 318, pp. 9 y ss.

KOHLER, M./BUSCHBAUM, M., «La reconnaissance des actes authentiques prévue pour les successions transfrontières. Réflexions critiques sur une approche douteuse entamée dans l'harmonisation des règles de conflits de lois», *RCDIP*, 2010, pp. 643 y ss.

KOHLER, CH., «Lo spazio giudiziario europeo in materia civile e il diritto internazionale privato comunitario», Picone, P. (ed.), *Diritto internazionale privato e diritto comunitario*, CEDAM, Padova, 2004, pp. 65 y ss.

KREUZER, K., «Zu Stand und Perspektven des Europäischen Internationalen Privatrechts- Wie europäisch soll das Europäische Internationale Privatrecht sein?», *RabelsZ*, 2006-1, n.º 70, pp. 8 y ss.

LAGARDE, P., «Développements futurs du droit international privé dans une Europe en voie d'unification: quelques conjectures», *RabelsZ*, 2004-2, pp. 234 y ss.

LAGARDE, P., «La reconnaissance. Mode d'emploi» en, *Vers de nouveaux* équilibres *entre ordres juridiques. Mélanges en l'honneur de Hélène Gaudemet-Tallon*, Dalloz, Paris, 2008, pp. 481 y ss.

LAGARDE, P. (dir.), *La reconnaissance des situations en Droit international privé*, Actes du Colloque international de La Haye du 18 janvier 2013, Ed. A. Pedone, Paris, 2013.

LANDO, O., «The EC Draft Convention on the Law Applicable to contractual and Non-contractual Obligations (Introduction and contractual obligations», *RabelsZ*, 1974, n.º 38, pp. 6 y ss.

LARA AGUADO, A., «Reconocimiento sí, *ma non troppo*: El orden público como límite al reconocimiento de títulos nobiliarios en la Unión Europea», *Millennium Derecho internacional privado*, 2016, pp. 1 y ss *(on line)*.

LARA AGUADO, A., «Incidencia del Derecho comunitario sobre el régimen jurídico del nombre en el Derecho internacional privado», *RDP*, 1995, n.º 79, pp. 671 y ss.

LARA AGUADO, A., «El impulso de la ciudadanía de la Unión Europea al reconocimiento intracomunitario de actos de estado civil (A propósito de la Sentencia del Tribunal de Justicia de 14 de octubre de 2008: Grunkin-Paul y Standesamt Stadt Niebüll)», *Diario La Ley*, n.º 7104, de 30 de enero de 2009, pp. 1 y ss.

LEIBLE, S., «Die Europäisierung des internationalen Privat- und Prozessrechts: Kompetenzen, Stand der Rechtsvereinheitlischung und Perspektiven» en, S. Sánchez Lorenzo y M. Moya Escudero (dirs.), *La cooperación judicial en materia de Derecho civil y la Unificación del Derecho privado en Europa*, Dykinson, Madrid, 2003, pp. 13 y ss.

LEIBLE, S./LEHMAN, M., «Die neue EG-Verordnung über das auf ausservertragliche Schuldverhältnisse anzuwendende Recht (Rom II)», *RIW,* 2007, pp. 721 y ss.

LEIN, E., «The New Rome I/Rome II/Brussels Synergies», *YPIL,* 2008, vol. 10, pp. 178 y ss.

LEQUETTE, Y., «De Bruxelles à La Haye (Acte II). Réflexions critiques sur la compétence communautaire en matière de Droit international privé», *Vers de nouveaux équilibres entre ordres juridiques. Mélanges en l'honneur de Hélène Gaudemet-Tallon*, Dalloz, París, 2008, pp. 503 y ss.

MALATESTA, A. (ed.), *The Unification of Choice of La Rules on Tort and Other Non-Contractual Obligations in Europe*, CEDAM, Padova, 2006.

MANSEL, H.-P., «Anerkennung als Grundprinzip des Europäischen Rechtsraum. Zur Herausbildung eines europäischen Anerkennungs-Kollisionsrechts: Anerkennung statt Verweisung als neues Strukturprinzip des Europäischen internationalen Privatrecht?», *RabelsZ*, 2006, pp. 651 y ss.

MARINAI, S., «Aspetti di rilievo internazional privatistico nella giurisprudenza europea in materia di famiglia» en, Campuzano Díaz, B./Di Filippo, M./ Rodríguez Benot, A./ Rodríguez Vázquez, M.ª A., *Hacia un Derecho conflictual europeo: realizaciones y perspectivas*, Comisión Europea/ Univ. de Sevilla, 2008, pp. 185 y ss.

MARINO, S., «Cooperazione amministrativa e circolazione delle persone: verso il riconoscimento automatico degli atti di stato civile», *Riv. dir. int.*, 2013-3, pp. 967 y ss.

MARTÍN Y PÉREZ DE NANCLARES, J., «El Espacio de Libertad, Seguridad y Justicia en el Tratado de Lisboa», *Revista de las Cortes Generales*, 2007, pp. 85 y ss.

MARTÍN Y PÉREZ DE NANCLARES, J., «Estudio preliminar» en, Martín y Pérez de Nanclares, J./Urrea Corres, M. (eds.), *Tratado de Lisboa*, Marcial Pons, Madrid, 2008, pp. 35 y ss.

MARTÍN Y PÉREZ DE NANCLARES, J., *La inmigración y asilo en la Unión Europea. Hacia un nuevo espacio de libertad, seguridad y justicia*, Colex, Madrid, 2002.

MATSCHER, F., «Le Droit international privé face à la Convention européenne des droits de l'homme», *TCFDIP*, 1996-1997, pp. 211 y ss.

MATTERA, A., «La reconnaissance mutuelle: une valeur historique ancien, un principe juridique integrationiste, l'assise politique d'un model de société humaniste», *RDUE*, 2009, n.º 3, pp. 413 y ss.

MATTERA, A., «L'arrêt Cassis de Dijon: une nouvelle approche pour la réalisation et le bon fonctionnement du marché intérieur», *Revue du Marché commun*, 1980, n.º 23, pp. 505 y ss.

MAYER, P., «Les méthodes de la reconnaissance en Droit international privé» en, *Mélanges en l'honneur de Paul Lagarde. Le droit international privé: esprit et méthodes*, Dalloz, París, 2005, pp. 547 y ss.

MEEUSEN, J., «Functional recognition of same-sex parenthood for the benefits of mobile Union citizens- Brief comments on the CJEU's Pancharevo judgement», *publicaciones del GEDIP*, https://gedip-egpil.eu/ (consultado el 6 de julio de 2022).

MICHAELS, R., «EU Law as Private international Law? Re-conceptualizing the country-of-origin principle as vested rights theory», *JPIL*, 2006, pp. 195 y ss.

NEUWAHL, N. A., «Joint participation in international treaties and the exercise of power by the EC and its member States: mixed agreement», *CMLR*, 1991, vol. 28, pp. 717 y ss (esp. pp. 718, 726-739);

NEUWAHL, N. A., «Shared powers or combined incompetence? More or mixity», *CMLR*, 1996, pp. 667 y ss.

NOURISAT, C./TREPPOZ, E., «Quelques observations sur l'avant-projet de proposition de règlement du Conseil sur la loi applicable aux obligations non contractuelles Rome II», *JDI*, 2003, pp. 7 y ss.

ORDÓÑEZ SOLÍS, D., «El espacio judicial de libertad, seguridad y justicia en la Unión Europea», *REP*, n.° 119, 2003, pp. 447 y ss.

ORÓ MARTÍNEZ, C., «Control del orden público y supresión del exequátur en el espacio de libertad, seguridad y justicia: perspectivas de futuro», *AEDIPr*, 2009, pp. 201 y ss.

ORTIZ VIDAL, M.ª D., «El principio de mutuo reconocimiento en el ámbito de la Unión Europea y los límites a la libre circulación, ¿Mecanismo conciliador en tiempos revueltos?», *RDC*, 2015, pp. 177 y ss.

ORTIZ VIDAL, M.ª D., «El caso Grunkin-Paul: notas a la STJUE de 14 de octubre de 2008», *CDT*, marzo de 2009, vol. 1, n.° 1, pp. 143-151.

PANET, A., «Chapitre 13. La reconnaissance des situations de statut personnel constituées au sein des états tiers» en, Bergé, J.-S./Francq, S./Gardeñes Santiago, M. (eds.), *Boundaries of European Private international Law*, Bruylant, Bruxelles, 2015, pp. 678 y ss.

PARRA RODRÍGUEZ, C., «*Checklist* sobre el cobro internacional de alimentos: una perspectiva española» en, Borrás, A./Garriga, G. (eds.), *Adaptación de la legislación interna a la normativa de la Unión Europea en materia de cooperación civil*, Homenaje al Prof. Dr. Ramón Viñas Farré, Marcial Pons, Madrid, 2012, pp. 219 y ss.

PATAUT, E., «Le renouveau de la théorie des droits acquis», *TCFDIP*, 2009, pp. 90 y ss.

PASTOR ALBALADEJO, G., «Elementos conceptuales y analíticos de las políticas públicas» en, G. Pastor (dir.), *Teoría y práctica de las políticas públicas*, Tirant lo Blanch, Valencia, 2014, pp. 25 y ss.

PFEIFF, S., *La portabilité du statut personnel dans l'espace européen*, Bruylant, Bruxelles, 2017.

PI LLORENS, M., «El Programa de Estocolmo: el difícil camino hacia la constitución de una política transversal de derechos humanos en la Unión Europea» en, M. Pi Llorens y E. Zapater Duque (coords.), ¿Hacia una Europa de las personas en el espacio de libertad, seguridad y justicia?, Marcial Pons, Madrid, 2010, pp. 129 y ss.

PI LLORENS, M./ZAPATER DUQUE, E. (coords.), ¿Hacia una Europa de las personas en el Espacio de Libertad, Seguridad y Justicia?, Marcial Pons, Madrid, 2010.

POCAR, F., «The Communitarization of Private International Law and its impact on the external relations of the European Union», A. Malatesta/S. Bariatti/F. Pocar (eds.), *The External Dimension of EC Private International Law in Family and Succession Matters*, CEDAM, Padova, 2008, pp. 3 y ss.

POILLOT-PERUZZETO, S., «La incidencia de las modalidades de reconocimiento de decisiones en el espacio judicial europeo en la dualidad orden público nacional/orden público europeo», *AEDIPr*, 2009, vol. IX, trad. de R. Arenas García, pp. 181 y ss.

QUIÑONES ESCÁMEZ, A., «Derecho comunitario, derechos fundamentales y denegación del cambio de sexo y apellidos: ¿un orden público europeo armonizador? (a propósito de las SSTJCE, asuntos K.B. y García Avello)», *RDCE*, n.º 18, 2004, pp. 512 y ss.

RODRIGUEZ BENOT, A., «Los avances de la normativa comunitaria en el reconocimiento de las resoluciones judiciales en otros sectores del Derecho de familia: régimen económico matrimonial, parejas de hecho, alimentos y sucesiones», CDE (ed.), *La libre circulación de resoluciones judiciales en la Unión Europea. Actas de Seminarios*, Sevilla, 2005, pp. 165 y ss.

RODRIGUEZ BENOT, A., «La superación de las divergencias en los principios de solución del Derecho conflictual sucesorio» en, B. Campuzano Díaz, M. Di Filippo, A. Rodríguez Benot y M.ª A. Rodríguez Vázquez, *Hacia un Derecho conflictual europeo: realizaciones y perspectivas*, Comisión Europea/ Universidad de Sevilla, 2008, pp. 121-150.

RODRIGUEZ BENOT, A./HORNERO MÉNDEZ, C., *Régimen económico matrimonial: cuestiones de Derecho interno, comparado e internacional*, Aranzadi, Pamplona, 2024.

RODRÍGUEZ RODRIGO, J., «Orden público europeo en Derecho de familia», *AEDIPr*, 2021, pp. 305 y ss.

RODRÍGUEZ VÁZQUEZ, M.ª A., «Capítulo 11. El régimen general de reconocimiento y ejecución de resoluciones judiciales» en, Campuzano Díaz, B. (dir.), *Estudio del Reglamento (UE) 2019/1111 sobre crisis matrimoniales, responsabilidad parental y sustracción internacional de menores*, Aranzadi, Pamplona, 2022, pp. 231 y ss.

ROSOLILLO, G., «Personal Identity at a Crossroad between Private International Law, International Protection of Human Rights and European Law», *YPIL*, 2009, Vol. 11, pp. 143 y ss.

SALES PALLARÉS, L., «Regulación de la obligación de alimentos en el ámbito comunitario: el Reglamento 4/2009 y su relación con el Convenio y Protocolo de La Haya de 2007» en, F. Aldecoa Luzárraga/J.J. Forner Delaygua (dirs), *La protección de los niños en el Derecho internacional y en las relaciones internacionales*, Marcial Pons, Madrid, 2010, pp. 299 y ss.

SALVADOR GUTIÉRREZ, S., «Inscripción registral de títulos extranjeros. Inscripción de matrimonios y sus crisis y régimen económico matrimonial» en, Guzmán Zapater, M./Herranz Ballesteros, M. (dirs.), *Crisis matrimoniales internacionales y sus efectos. Derecho español y de la Unión Europea. Estudio normativo y jurisprudencial*, Tirant lo Blanch, Valencia, 2018, pp. 655 y ss.

SÁNCHEZ JIMÉNEZ, M.ª A., *El divorcio internacional en la Unión Europea (Jurisdicción y Ley aplicable)*, Aranzadi, Pamplona, 2013.

SÁNCHEZ LORENZO, S., «Derechos fundamentales y libertades de circulación a la sombra de una Constitución para Europa. Comentario a la Sent. del TJCE (Sala 1.ª) de 14 de octubre de 2004 (as. C-36/02: Omega), *ReDCE*, n.º 5, enero-junio de 2006, pp. 388 y ss.

SÁNCHEZ LORENZO, S., *Derecho privado europeo*, Comares, Granada, 2002.

SERRANO DE NICOLÁS, A. (coord.), *Los Reglamentos UE 2016/1103 y 2016/1104 de regímenes económicos matrimoniales y efectos patrimoniales de las uniones registradas*, Colegio de Notarios de Cataluña, Marcial Pons, 2020.

STRUYKEN, A.V.M., «Les conséquences de l'intégration européenne sur le développement du droit international privé», *RdC*, 1992, vol. 232, pp. 257 y ss.

STRUYKEN, A.V.M., «Das internationale Privatrecht der Europäischen Gemeinschaft im Verhältnis zu Drittstaaten und zur Haager Konferenz», *ZEuP*, 2004-2, pp. 227 y ss.

VARGAS GÓMEZ-URRUTIA, M., «Cuando los apellidos traspasan la frontera. Reflejos de la desigualdad en el nombre de la persona física en el asunto "Losonci-Rose c. Suiza" y en la Jurisprudencia del TJUE», *RGDE*, 2012, pp. 1 y ss.

VELÁZQUEZ GARDETA, J.M., «Algunas reflexiones en torno a la sentencia Negrepontis-Giannisis contra Grecia y la jurisprudencia reciente del Tribunal Europeo de Derechos Humanos en materia de reconocimiento de decisiones judiciales extranjeras», *Revista Vasca de Administración Pública*, 2014, pp. 1 y ss.

VETTOREL, A., «La continuità transnazionale dell'identità personale: riflessioni a margine della sentenza Henry Kismoun», *RDIPP*, 2014-2, pp. 354 y ss.

ZOUAK LARA, P., «La filiación de menores nacidos por gestación por sustitución: situación actual en España y perspectivas de futuro», *RDC*, 2024, n.° 3, pp. 243 y ss.

ZWEIGERT, K., «Zur Armut des internationalen Privatrechts an sozialen Werten», *RabelsZ*, 1973, pp. 435 y ss.

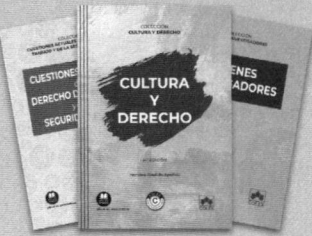